800 blagues de TOTO

2017

800 blagues de TOTO 2017

Textes de Pascal Naud
et Virgile Turier
Illustrations de Gyom, Romain Guyard
et Patrick Chenot
Illustrations BD de Pierre Fouillet

DEUX COQS D'OR

Directeur : Sarah Kœgler-Jacquet
Responsable éditoriale : Sandra Berthe
Directeur artistique : Florent Salaün
Éditeur : Marion Lambert,
assistée d'Anne Castaing
Graphiste : Anna Guillet

Illustrations de couverture : Romain Guyard
Maquette : Caroline Rimbault
Suivi éditorial : Aurore Meyer
Correction : Agnès Scicluna

Au restaurant, Toto s'écrie : « Monsieur, monsieur, il y a une mouche qui nage dans mon assiette !
- Oh, c'est encore le chef qui a mis trop de potage. D'habitude, elles ont pied ! »

Toto se vante auprès de son copain Julien :
« Hier, je suis tombé d'une échelle de dix mètres de haut !
– Pas croyable ! Et tu n'as rien de cassé ?
– Mais non, je n'étais que sur le deuxième barreau ! »

Dans le métro, une femme enceinte demande à Toto :
« Peux-tu me céder ta place ? J'attends un bébé. »
Toto s'exécute mais quelques minutes plus tard, il dit :
« Bon, vous pouvez me rendre ma place ? Vous voyez bien, votre bébé n'est pas venu ! »

Toto est chargé de faire le marché. Il s'approche de l'étal du maraîcher pour acheter des pommes.
« Bonjour, m'sieur ! Dites, vos pommes, elles viennent de France ou d'Espagne ?
– C'est pour les manger, ou c'est pour causer avec ? »

« Mamie, as-tu des bonnes dents ?
- Malheureusement non, Toto...
- Très bien ! Tu peux surveiller mes caramels ? »

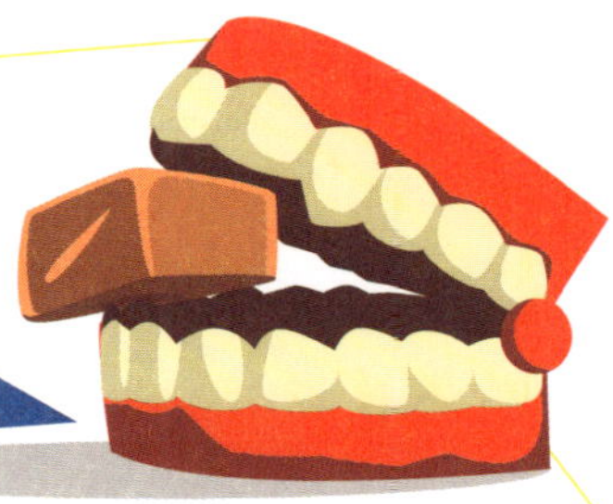

« Dis, Toto, demande la maîtresse, que fait un dessinateur dans une baignoire ?
– Des bulles, madame. »

Toto rentre chez lui avec plein de trous dans ses vêtements. Sa mère, horrifiée, lui demande :
« Dis donc, Toto, on peut savoir ce qui te prend ?
- Ben, on a joué à l'épicier avec les copains...
- Je ne vois pas le rapport !
- Mais si, maman ! Moi, j'étais le gruyère ! »

Toto est sur le point de partir en colonie de vacances. Sur le quai de la gare, sa mère lui dit : « Tu penseras fort à moi ?
– D'accord ! Et pour ne pas oublier, je le fais tout de suite ! »

Toto parle à son copain Polo : « Tu veux savoir où est Martial ? Il est à l'hôpital ! On avait parié à celui qui se pencherait le plus à la fenêtre… et il a gagné ! »

Mon premier est le contraire de tard.
Mon second est le contraire de tard.
Mon tout est très rigolo !

Toto (tôt-tôt)

HAHAHA !

Le père de Toto est en colère :
« Non mais, tu as vu tes notes, Toto ! C'est lamentable. Je voudrais bien savoir si ton copain Kevin rentre chez lui avec des 0 et des 5 sur 20 sur son carnet…
– Non, mais lui c'est différent, ses parents sont intelligents… »

Tu connais l'histoire de Toto aux toilettes ?

Non ? C'est normal il a fermé la porte à clé.

La maîtresse dit à la maman de Toto :
« Votre fils a copié sur son voisin !
– Ah bon, vous êtes sûre ?
– Certaine ! Lors d'un contrôle, son camarade a écrit "je ne sais pas" et Toto a noté "moi non plus" ! »

HAHAHA !

Toto et son père se promènent en voiture. Le père de Toto demande :
« Tu as vu la forêt, là-bas ?
– Non, des arbres la cachent... »

Toto écrit une lettre à sa maman :
« Chère maman, la colo se passe super bien, sauf que tu as oublié d'écrire mon nom sur mes vêtements. Du coup, tout le monde m'appelle "pur coton" ! »

« Maman, les chats miaulent quand on les chatouille ?
– Oui, Toto.
– Ah ! bien... Alors les chiens, eux, ils aboient quand on les chientouille ? »

Toto demande à son papa :
« Eh, papa, c'est quoi un jouet incassable ?
– C'est un jouet qu'on t'offre à Noël et qui marche encore au 1er janvier ! »

Toto joue avec son chien lorsque tout à coup, celui-ci lui donne un gros coup de langue sur le visage.
« Oh, s'écrie la maman de Toto, j'espère qu'il ne t'a pas mordu !
– T'inquiète pas, m'man, il m'a juste goûté ! »

Le papa de Toto dit à un ami :
« Mon fils joue du piano.
– Et ça rapporte ? demande l'autre.
– Je pense bien, c'est ce qui m'a permis d'acheter la maison des voisins pour presque rien ! »

Toto vend le journal à la criée dans la rue :
« Édition spéciale : Un arnaqueur en ville, déjà 34 victimes ! »
Un passant arrive et lui achète un exemplaire du journal.
Alors Toto reprend :
« Édition spéciale : Un arnaqueur en ville, déjà 35 victimes ! »

« L'autre jour, raconte Toto, à la fête foraine, j'ai eu la curiosité d'entrer dans la roulotte de la voyante. Après avoir consulté sa boule de cristal, elle m'a conseillé de me méfier d'une femme brune qui allait me coûter de l'argent.
– Et sa prédiction s'est vérifiée ?
– Tout de suite... quand elle m'a réclamé quinze euros pour sa consultation ! »

hihihi !

Toto fait ses devoirs, il demande à son père :
« Papa, tu sais où est la Mongolie ?
– Demande à ta mère, c'est elle qui range tout à la maison. »

Mon premier est le contraire de tard.
Mon deuxième n'est pas laid.
Mon troisième protège les mains.
Toto adore mon tout.

Toboggan (tôt-beau-gants)

En classe :
« Toto, trouve-moi un mot de onze lettres dont aucune n'est répétée au moins deux fois ! lui demande la maîtresse.
- C'est introuvable !
- Bravo ! »

Manu et Toto se promènent à vélo dans la forêt. Soudain, Manu crie à Toto :
« Toto, il y a ton garde-boue qui tape !
- Hein ?
- Il y a ton garde-boue qui tape !
- Hein ?
- Il y a ton garde-boue qui tape !
- Hein ?
- Il y a ton garde-boue qui tape, Toto !
- J'entends rien, il y a mon garde-boue qui tape ! »

Le voisin de la famille de Toto se plaint à sa mère :
« Votre fils Toto passe toute la journée à m'imiter ! »
La mère de Toto se retourne alors vers lui et lui dit :
« S'il te plaît, Toto, arrête de faire l'idiot ! »

« Papa, papa !
– Oui, Toto.
– Tu crois que, quand Google ne trouve pas quelque chose, il demande à Chuck Norris ? »

La maman de Toto le gronde :
« Tu as mangé toutes les crêpes sans penser à nous !
– Oh, si ! J'y pensais tout le temps, maman. Je me répétais : "pourvu que personne n'arrive !" »

Toto en a assez de répondre au téléphone pour ses parents. Un soir, le téléphone sonne…
« Allô, je suis bien chez les parents de Toto ?
– Ah non, désolé, monsieur, c'est une erreur. Ici, nous n'avons pas le téléphone ! »
Et il raccroche.

Lors du recrutement d'un gardien de but, l'entraîneur demande à Toto son signe du zodiaque :
« Lion ? Tu es engagé, va dans ta cage ! »

EPICERIE
EPICERIE
Je voudrais un kilo de pommes de terre, s'il vous plaît, monsieur.
Des grosses ou des petites, mon petit ?
Petites, ça sera plus facile à porter !

La maîtresse est énervée après Toto :
« Je t'avais demandé de m'écrire cent fois :
"Je ne dois pas oublier de faire mes résumés à la maison"
et je ne vois que dix lignes.
– Eh oui, maîtresse. J'ai résumé ! »

« Toto, tu as changé l'eau du poisson ?
– Non, il n'avait pas encore tout bu ! »

HOHOHO !

Toto est chez le docteur :
« Quel est le problème, Toto ?
– Je me prends pour un poulet !
– Ah bon ! Et depuis quand penses-tu cela ?
– Depuis que je suis poussin ! »

Toto a de très mauvaises notes en calcul.
Son père lui demande :
« Si tu as six oranges et que tu en ajoutes une, ça fait combien d'oranges ?
– Je ne sais pas, à l'école on compte toujours avec des pommes ! »

HAHAHA !

Le maître s'adresse à tous les enfants :
« J'ai corrigé vos copies, et dans l'ensemble, elles sont bonnes. Mais dis-moi Toto...
Est-ce que ton père t'a aidé pour ton devoir ?
– Non, m'sieur !
– Tu en es sûr ?
– Oui, il l'a fait tout seul, j'en suis sûr ! »

En cours de sciences, la maîtresse demande à Toto :
« Pourquoi les chirurgiens portent-ils un masque pendant leurs opérations ?
– Pour ne pas être reconnus s'ils ratent leur coup ! »

Toto entre dans une boulangerie :
« Je voudrais un kiprapok au chocolat, s'il vous plaît ! »
Alors le boulanger, étonné, lui répond : « Un kiprapok à quoi ? »

Mon premier est une petite bête qui saute sur le dos des chiens.
Mon second est la forme de la tête de Toto.
Mon tout grimpe sur les rosiers.

Puceron (puce-rond)

Toto est en vacances chez ses grands-parents à la ferme.
« Mamie, c'est vrai que c'est ton cheval qui t'apporte le journal chaque matin ?
– Oui, Toto ! Avant c'était mon chien. Mais il en profitait toujours pour faire les mots fléchés avant moi ! »

Toto entre dans la cuisine en pleurant. Sa mère lui demande ce qu'il a.
« C'est papa. En voulant accrocher un cadre, il s'est donné un coup de marteau sur le doigt.
– Il n'y a pas de quoi pleurer, Toto. Au contraire, tu aurais dû rire.
– C'est ce que j'ai fait... »

Intrigué de voir son père partir tous les matins de bonne heure, Toto l'interroge :
« Dis, papa, pourquoi tu pars si tôt ?
- Pour aller travailler, répond son père.
- Mais pourquoi vas-tu travailler ?
- Pour gagner ton pain, Toto.
- Alors, répond Toto, reste avec moi et aujourd'hui, je pousserai ma purée avec mon doigt ! »

La maman de Toto dit à son fils :
« Mais enfin, Toto, avec qui parlais-tu pendant deux heures sur le pas de la porte en rentrant de l'école ?
– Avec Julie, maman, mais elle n'avait pas le temps d'entrer... »

Mon premier fait la roue.
Mon deuxième est à toi.
Mon troisième n'est pas court.
Mon tout est souvent troué
quand il appartient à Toto.

Pantalon (paon-ta-long)

« Docteur, dit Toto,
j'ai besoin de lunettes.
– Oui sans aucun doute.
Car ici, tu es à
la banque ! »

HOHOHO !

Sur la plage, Toto et sa sœur vont voir un concours de ski nautique.
« Pourquoi le bateau va-t-il si vite ? demande la petite fille.
– Tu ne vois pas qu'il est poursuivi ? » répond Toto.

Toto rentre de l'école et demande à sa mère :
« Maman, tu n'as pas vu mon sac ?
– Il est sur ton dos, Toto ! Comment peux-tu ne pas t'en rendre compte ?
– Ce n'est pas de ma faute, je ne peux pas le voir, moi ! »

HAHAHA !

Le père de Toto grille un feu rouge.
Un policier l'arrête :
« Alors, vous n'avez pas vu le feu ?
– Que voulez-vous que j'y fasse ?
Appelez les pompiers ! »

Toto tend le téléphone à sa maman :
« Tiens, maman, c'est quelqu'un qui veut bien t'écouter... »

Le copain de Toto est triste.
« Qu'est-ce qu'il y a ?
– Mon hamster est tombé du 8e étage, et maintenant il est au ciel.
– Ouah ! Tu avais un hamster avec des ailes ? »

Toto joue du violon. Un invité de ses parents demande :
« Qui est son professeur ?
– Personne, il a appris tout seul !
– Ah ? Ça fait toujours un coupable de moins ! »

Toto passe un contrôle à l'oral :
« Quel est votre nom ? lui demande l'examinateur.
– Toto, m'sieur.
– Pourquoi souriez-vous ?
– Je suis trop content d'avoir répondu juste à la première question, m'sieur ! »

Il est fort ce conducteur !
Pourquoi ?
Je ne sais pas comment il fait pour viser les tunnels, mais il ne les rate jamais !

En classe, la maîtresse interroge les élèves pendant le cours de français.
« Combien y a-t-il de lettres dans l'alphabet ? »
Toto lève la main et répond :
« Il y a huit lettres, madame. »
La maîtresse s'étonne, et demande à Toto de le réciter pour qu'ils comptent ensemble les lettres.
« Alors A, L, P, H, A, B, E, T... huit lettres, madame ! »

Toto se rend chez une diseuse de bonne aventure. Sur la porte est scotché un morceau de papier sur lequel est écrit :
« Partie déjeuner. Serai de retour à 14 heures.
PS : excusez le retard, mais un événement imprévu m'empêchera de revenir avant 15 h 15. »

Toto interroge sa maman :
« Maman, c'est vrai que j'ai une grosse tête ?
– Non, mon chéri... Je remplis la piscine pour te laver les cheveux... »

La maîtresse dit à Toto :
« Toto, cite-moi deux pronoms.
- Qui ? Moi ?
- Très bien, Toto ! »

Toto dit à son camarade :
« J'aurais dû écouter ma mère avant de partir à l'école…
– Pourquoi ? Qu'est-ce qu'elle te disait ?
– Je ne sais pas. Je n'écoutais pas ! »

Toto rentre chez lui. Alors que l'horloge sonne trois coups, il s'exclame :
« Oh, ça va ! Je sais qu'il est une heure, pas la peine de le répéter trois fois ! »

Mon premier n'a pas raison.
Mon second se situe entre « je » et « il ».
Mon tout est l'allure qu'adopte Toto pour aller à l'école !

Tortue (tort-u)

Un prêtre se rend chez Toto et lui dit :
« Je suis venu t'apporter la lumière. »
Alors, Toto dit à sa mère :
« Maman, c'est l'électricien ! »

« Dis-moi Toto, lui demande sa maman, pourquoi tu mets de la glace au réfrigérateur ?
– Mais, maman, c'est pour garder le réfrigérateur froid ! »

Pourquoi Toto a-t-il le nez aplati ?

Il courait derrière une voiture arrêtée…

HAHAHA !

La maîtresse fait un cours sur la ponctuation. Tandis qu'elle parle des virgules et des points, Toto rêvasse.
« Toto, que met-on au bout d'une ligne ? lui demande la maîtresse.
– Un asticot, madame ! »

Toto cherche un petit boulot dans le quartier. Sa voisine lui demande s'il est un garçon responsable.
« Ah oui ! À la maison, à chaque fois qu'il y a un problème, c'est moi le responsable ! »

La maîtresse demande à Toto :
« À quel temps est conjuguée la phrase "je fais mes maths" ?
– Au temps perdu, madame ! »

Toto demande à un copain :
« Tu connais le sport le plus fruité ?
- Non ?
- C'est la boxe : tu te prends une pêche et un marron en pleine poire, et tu tombes dans les pommes ! »

Toto rentre de l'école. Sa maman lui demande :
« Ça s'est bien passé, l'école ?
– Très bien ! J'étais le seul à connaître la réponse à la question de la maîtresse ! Tous les copains ne savaient pas répondre !
– Ah oui, et quelle était la question ?
– QUEL IMBÉCILE A MIS UNE PUNAISE SUR MA CHAISE ? »

Comme Toto n'aime pas se laver, sa mère le met de force sous la douche.
Un jour, à l'école, la maîtresse s'exclame :
« Comme tu as grandi, Toto !
– Forcément, on m'arrose tous les jours ! »

Mon premier est la 11e lettre de l'alphabet.
Mon deuxième vit dans les égouts.
On laisse infuser mon troisième avant de le boire.
Mon tout est un sport que pratique Toto.

Karaté (K-rat-thé)

En classe, la maîtresse demande à Toto combien font 8 x 9.
Toto lui répond :
« Ah non… Si vous ne savez pas, faut pas compter sur moi pour vous donner la réponse ! »

JOUX
COIFFEUR
Salut, Alexandre.
Salut, Toto.
Tu ne pourrais pas me prêter 40 euros ?
Je n'ai que 30 euros sur moi !
Ce n'est pas grave, tu m'en devras encore 10 !

Mon premier est entouré de chaises.
Mon second sort du robinet.
Toto redoute de passer devant mon tout !

Tableau (table-eau)

Toto discute dans la cour de récré avec sa copine Justine.
« Dis-moi, Toto, peux-tu me donner l'heure ? »
Là, Toto se lève, regarde très sérieusement le ciel et la position du soleil, et répond :
« Il est midi vingt.
– Oh ! Tu n'as donc pas de montre ?
– Ah non, j'ai horreur de ça. D'ailleurs, il n'y en a aucune chez moi. Si je veux savoir l'heure, je regarde le ciel et le soleil.
– Ah d'accord, fait Justine, admirative. Mais disons que tu te lèves en pleine nuit, comment fais-tu pour connaître l'heure ?
– Héhé, pour ça, j'ai mon clairon ! s'exclame Toto.
– Hein ?
– Ben oui, mon clairon ! Si je veux connaître l'heure pendant la nuit, je joue du clairon !
– Mais... Je ne comprends rien, Toto !
– Justine, c'est facile pourtant. Je me lève, je prends mon clairon, j'ouvre la fenêtre et je souffle très fort dans mon instrument. Et là, il y a toujours un voisin énervé qui ouvre ses volets et qui crie : "C'est qui l'andouille qui joue du clairon à trois heures du matin ?" »

« Docteur, se confie Toto à la visite, j'ai mangé des huîtres pour la première fois, et depuis, j'ai sacrément mal au ventre !
– Ah, c'est embêtant, Toto, répond le docteur. Ça doit venir d'une huître pas fraîche... Tu n'as pas senti une odeur, quand elles étaient ouvertes ?
– Ah bon, il fallait les ouvrir ? »

« Maman, demande Toto, on a calculé que j'avais un quotient intellectuel de 52, et je ne comprends vraiment pas pourquoi.
– 52 de Q.I. ? C'est normal que tu ne comprennes pas ! »

Toto est réveillé par sa maman qui s'inquiète :
« Il y a un chien errant qui est entré dans la cuisine !
– Un chien ? Et qu'est-ce qu'il fait ? répond Toto.
– Il mange le gâteau que papa avait préparé !
– Ah... Il vaut mieux appeler le vétérinaire que la fourrière, alors ! »

Voyant sa maman piquer un rôti et glisser de l'ail dans les trous qu'elle vient de faire, Toto s'exclame :
« Bah ! Maman ! Le rôti est malade ?
– Mais non, Toto, voyons ! Pourquoi cette question ?
– Tu lui mets des suppositoires ! »

Dans le train, Toto est interpellé par le contrôleur.
« Dites donc, jeune homme, vous avez un ticket de deuxième classe ! Vous savez où vous êtes, là ?
– En première classe ?
– Oui, et je peux savoir pourquoi ?
– Parce qu'on y est bien mieux assis ! »

Toto va chez le médecin et lui dit :
« Docteur (prout), chaque fois (prout) que je parle (prout), je pète (prout). »
Le docteur quitte la salle de consultation et va dans la pièce d'à côté, d'où il revient avec une longue tige métallique. Toto lui demande :
« Docteur (prout), est-ce (prout) que (prout) ça va me guérir (prout) ?
– Non, non, c'est juste pour ouvrir le vasistas. »

Toto doit aller voir une amie à l'hôpital. Dans la rue, il croise un vieux monsieur et lui demande :
« Hé pépé, quel est le chemin le plus rapide pour aller à l'hôpital ? »
Le vieux monsieur répond :
« C'est de m'appeler encore pépé, garnement ! »

« Est-ce que tu as su faire ton devoir de maths ? demande Toto à David.
– Non, j'ai rendu feuille blanche.
– Moi aussi.
– C'est malin, la maîtresse va croire qu'on a copié, et on aura zéro ! »

Le grand-père de Toto lui demande :
« Quel est le passé composé de "je bâille", Toto ?
- J'ai bâillé, dit Toto.
- Bien, et le futur ?
- Je dors. »

Dans le cahier de calcul de Toto, il n'y a que des pages blanches.
« Mais enfin, Toto, lui demande la maîtresse, pourquoi n'as-tu copié aucune opération ?
– Oh moi, m'dame, je fais du calcul mental ! »

Toto arrivant tout le temps en retard à l'école avec son copain Arthur, la maîtresse leur fait remarquer et leur demande :
« Pourquoi arrivez-vous tous les jours en retard ?
– C'est à cause du panneau près de l'école, répond Toto.
– Mais de quel panneau parles-tu ?
– Bah… Celui où il est marqué RALENTIR ÉCOLE… »

« Maman, je peux avoir du chocolat s'il te plaît ? demande Toto.
– Mais, je viens de t'en donner un gros morceau !
– Oui, mais j'en voulais un petit ! »

hihihi !

La maman de Toto raconte à l'une de ses amies :
« C'est grâce à moi si mon mari est devenu millionnaire !
– Ah ? Et avant, il était quoi ?
– Milliardaire ! »

Le maître interroge Toto :
« Connais-tu la règle de trois ?
– Ben non, je suis tout seul... »

Toto demande à sa maman la différence entre son papa et un répondeur.
« Facile, lui répond-elle. Le répondeur, lui, il retient le message ! »

Toto demande à son meilleur copain :
« Alors, où vas-tu en vacances cette année ?
– En Italie, on part pour Milan.
– Aussi longtemps ? Eh bien, tes parents ont dû en cumuler des RTT ! »

L'oncle de Toto, qui est très gros, dit à Toto :
« Ah, mon petit Toto, viens t'asseoir sur mes genoux !
– Je peux pas, tonton, y a déjà ton ventre ! »

Sur le chemin de l'école, Toto rencontre un copain :
« Je vais avoir un zéro en maths !
– Tu en es sûr ?
– Aussi sûr que 2 et 2 font 5 ! »

Toto sort dans le jardin:
« Beurk, c'est quoi l'odeur ignoble ? Ça sent l'engrais !
– Non, mon chéri, tu as juste oublié de te laver les dents. »

Pendant un contrôle de géographie, Toto se penche vers son voisin :
« Comment s'appellent les habitants de Nîmes ?
- Je ne sais pas !
- Ni moi... »

La maman de Toto a rendez-vous avec la maîtresse :
« Mais enfin, pourquoi Toto a-t-il toujours zéro ?
– Mais madame, parce qu'il n'y a pas de note en dessous ! »

En plein cours à l'école :
« Toto ! On ne joue pas en travaillant !
– Mais madame, je ne travaille pas ! »

Toto et son père se promènent sur le port de Saint-Tropez. Toto dit :
« Papa, papa, regarde le bateau !
- Non, Toto, à ton âge, tu devrais savoir que c'est un yacht.
- Ah, et comment ça s'écrit ?
- Tu as raison, c'est un bateau... »

« Papa, qu'est-ce qui sucre le café, demande Toto, le sucre ou la cuillère ? »
Le père réfléchit un instant :
« C'est la cuillère !
– Mais alors, le sucre, ça sert à quoi ?
– À savoir si on a assez remué ! »

« Paul, dit Toto, est-ce que tu connais la différence entre un marteau, un manteau et une semaine ?
– Ben... Non !
– C'est facile : le marteau a un manche, le manteau a deux manches et la semaine di(x)... manche(s) ! »

Comment Toto fait-il pour refroidir son chocolat ?

Il met du sucre glace !

Toto fait de la luge en compagnie de sa sœur. Sa maman lui crie par-dessus son magazine : « N'oublie pas de prêter ta luge à ta sœur, hein Toto !
– Oui m'man, je prends la luge pour descendre et elle, pour remonter... »

La maîtresse demande à Toto :
« Quand je dis "il pleuvait", de quel temps s'agit-il ?
– D'un sale temps, madame ! »

HAHAHA !

HAHAHA !

En classe…
« Toto, quelle est l'étoile qui permet aux marins de se repérer ?
– Euh… l'étoile cirée ?! »

OHOHOH !

Toto demande à sa petite sœur comment il faut faire pour tuer un poisson.
« Facile, lui dit-elle, il faut lui mettre la tête sous l'eau pour le noyer. »

« Docteur, dit Toto, je me prends pour l'homme invisible.
– Qui parle ? »

Toto demande à sa grand-mère :
« Mamie, est-ce que tu es coiffeuse ?
– Non, pourquoi ?
– Parce que maman a dit que tu frisais la soixantaine et que tu allais nous raser pendant toutes les vacances ! »

La maman demande à Toto :
« Que fais-tu ?
– Rien !
– Et ton frère ?
– Il m'aide ! »

Toto va voir sa maman.
« Maman, Maman…
je me suis fait mal !
– Où ça ?
– Là-bas ! »

Toto demande à son père :
« Papa, c'est quoi
un synonyme ?
– C'est un mot qu'on
emploie quand on ne sait pas
comment l'autre s'écrit. »

La maîtresse demande à Toto de conjuguer
le verbe marcher au présent.
Toto lui répond lentement, en hésitant :
« Je marche… tu marches… il marche… nous… »
La maîtresse lui demande d'aller plus vite.
Alors Toto lui répond :
« Je cours, tu cours, il court… ! »

Pendant un cours de
français, la maîtresse
demande à Toto
de conjuguer le verbe
chanter :
« Si tu chantes,
tu dis quoi ?
– Je chante.
– D'accord, et si c'est
ton papa, tu dis quoi ?
– Arrêêête ! »

C'est l'anniversaire du papa de Toto.
Son papa lui dit :
« Ce qui me ferait le plus plaisir Toto
pour mon anniversaire, c'est que
tu travailles bien à l'école.
– Trop tard, lui répond Toto, je t'ai
déjà acheté une cravate ! »

Toto dit à son papa :
« Papa, j'aimerais
une bicyclette pour Noël.
– Seulement si tu arrives
à l'écrire !
– Finalement je préfère
un vélo… »

La maman de Toto dit à son fils :
« N'oublie pas que nous sommes
sur terre pour travailler.
– Bon, alors moi, plus tard,
je serai marin. »

La Noiraude, la vache de Toto, vient de gagner le deuxième prix de beauté à un concours agricole. Un journaliste demande à Toto :
« Alors Toto, tu es content ?
– Oui, mais j'espère faire meuh la prochaine fois. »

Le maître demande à Toto de conjuguer le verbe manger à la première personne, au présent, au futur et au passé composé. Toto s'exécute :
« Je mange, je mangerai et, euh…
J'AI PLUS FAIM ! »

Toto demande au chauffeur de bus :
« Pourriez-vous rouler à 45 km/h pendant 3 km, puis à 60 pendant 2 km et me dire combien de temps on a mis, s'il vous plaît ? C'est pour un devoir de maths. »

Un journaliste interroge Toto :
« Jeune homme, veux-tu dire un petit bonjour au micro ?
– Bonjour micro ! »

Au cinéma, un copain demande à Toto :
« Comment se termine le film à ton avis ?
– Par le mot FIN, évidemment. »

HAHAHA !

Toute la classe de Toto fait des dessins et la maîtresse passe entre les tables pour les observer. Arrivée devant Toto, elle s'étonne de ne rien voir sur la feuille.
« Tu n'as rien dessiné, Toto ?
– Si madame, j'avais dessiné des vaches avec de l'herbe, mais les vaches ont brouté toute l'herbe, et puis elles sont parties. »

En classe :
« Toto, quelle est la femelle du taureau ? »
Un copain regardant à la fenêtre voit quelqu'un voler le vélo de Toto :
« Psst, Toto, on a volé ton vélo !
– Oh la vache !
– Très bien, Toto, reprend la maîtresse. Peux-tu me dire quelle est la femelle du hibou ?
– Psst, Toto, on a retrouvé ton vélo !
– Chouette ! »

HOHOHO !

Que fait Toto quand il ne se sent pas bien ?

Il se fait sentir par quelqu'un d'autre...

« Alors Toto, ces vacances, tu étais où ?
– La première semaine, j'étais à la montagne et la suivante, j'étais dans le plâtre. »

Toto passe devant l'épicier qui prend l'air à la porte de son magasin.
« Tiens, j'y pense en vous voyant, donnez-moi donc un paquet de nouilles ! »

Toto, en vacances à la campagne, passe devant un champ et demande à un paysan :
« Mais comment faites-vous pour obtenir des radis aussi gros ?
– Ce n'est pas compliqué, Toto.
J'ai semé des graines de betterave rouge ! »

Allô ? Bonjour !
Bonjour… Qui est à l'appareil ?
Ben, c'est moi, Toto !
Oh, pardon, mon chaton, je ne t'avais pas reconnu.
Normal, mamie ! Je me suis fait couper les cheveux !

Dans un coin sombre,
deux amoureux s'embrassent.
Toto et Manu les regardent.
L'un dit à l'autre :
« Vise un peu, il essaie de
lui piquer son chewing-gum ! »

« Papa, regarde le ciel !
Il est plein de boutons "Favori" !
– Des étoiles Toto... On appelle
ça des étoiles... »

Un copain dit à Toto :
« Ton père est radin. Il est vendeur de
chaussures et les tiennes sont tout usées.
– Et le tien alors ? Il est dentiste et
ta petite sœur n'a que deux dents ! »

Le maître interroge Toto :
« Que penses-tu de l'explosion
démographique ?
– Je ne sais pas... Je n'ai rien
entendu ! »

« Toto, conjugue-moi le verbe "savoir" à tous les temps.
– Je sais qu'il y a un temps pour jouer, un temps pour manger
et un temps pour dormir. »

Toto a inventé un sandwich révolutionnaire.
« C'est un sandwich au cactus ! On le mange et en même temps,
il cure les dents ! »

Pendant le cours de calcul, l'institutrice interroge Toto :
« Toto, tu es épicier et moi, je suis une cliente. Je t'achète un potiron à 2 euros, un artichaut à 1 euro et un kilo de pêches à 4 euros. Combien je te dois ?
– Ne vous en faites pas, m'dame, vous me paierez demain. »

Le soir, Toto rentre de l'école et dit à son père :
« J'ai eu un 20 !
- En quelle matière ?
- 3 en histoire, 8 en français et 9 en maths. »

Toto rentre de l'école en colère :
« J'en ai marre, on ne peut plus faire confiance à la maîtresse !
– Pourquoi dis-tu ça ?
– Parce qu'hier, elle nous a appris que 2 + 2, ça faisait 4 et aujourd'hui, c'est 3 + 1 ! »

« Eh Toto, quelle heure est-il ?
- Moins cinq.
- Moins cinq de quoi ?
- Je ne sais pas ! J'ai perdu la petite aiguille ! »

hihihi !

« Docteur, dit Toto,
je crois que je perds
la mémoire…
– Ah bon ? Et depuis quand ?
– Depuis quand quoi ? »

Toto a reçu en cadeau d'anniversaire un téléphone-jouet que sa maman utilise, le soir, pour lui dire :
« Allô Toto, il est l'heure d'aller te coucher.
- Je regrette, madame, répond Toto, mais vous avez fait un mauvais numéro. »

C'est Toto qui dit à sa maîtresse en lui rendant son carnet de notes :
« Je n'aimerais pas vous inquiéter, mais, ce week-end, papa m'a dit que si je n'avais pas de meilleures notes sur mon bulletin le mois prochain, il connaissait quelqu'un qui aurait de ses nouvelles… »

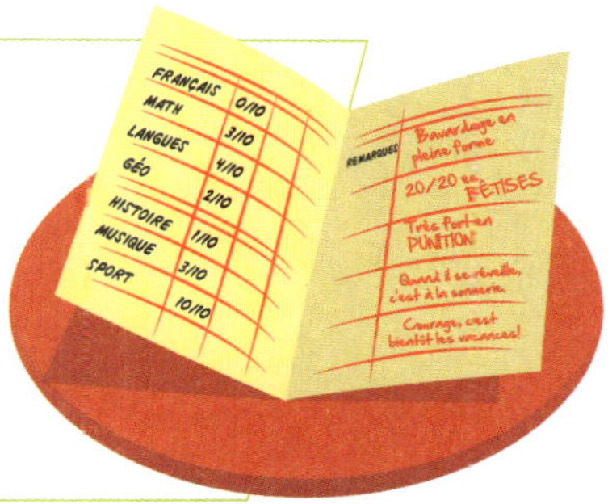

Toto rentre de l'école :
« Papa, le maître ne sait pas ce qu'est un cheval !
- Tu crois vraiment ?
- Oui. Quand je lui ai montré le cheval que j'avais peint, il m'a demandé ce que c'était… »

Toto dit à un de ses copains :
« Il paraît que notre cerveau ne fonctionne qu'à 50% de ses capacités !
– Je ne te crois qu'à moitié ! »

Toto est à la campagne chez son oncle Jojo.
« Attention, Toto, si tu n'arrêtes pas de faire l'andouille, je te fais dormir dans le poulailler !
– D'accord, mais je te préviens, t'y gagneras rien, je pondrai pas ! »

Toto visite un vieux château écossais. À la fin de la visite, le guide lui demande s'il a aimé. Toto reconnaît qu'il a eu peur de voir débouler un fantôme.
« Ne vous affolez pas, je n'ai jamais vu un fantôme depuis que je suis ici.
– Et ça fait combien de temps ?
– Environ trois siècles... »

La maîtresse demande à Toto :
« C'est quoi la légitime défense ?
– C'est quand mes notes sont tellement mauvaises que je suis obligé de signer moi-même mon carnet. »

Aujourd'hui, il pleut. Léa et Toto décident d'aller au cinéma. Ils n'arrêtent pas de discuter pendant le film. Leur voisin leur dit :
« S'il vous plaît, je n'entends rien ! »
Léa et et Toto répondent :
« De toute façon, ça ne vous regarde pas ce que l'on se raconte, non mais ! »

En classe :
« Toto, si tu as dix-huit bonbons et que Clara t'en prend la moitié, combien t'en reste-t-il ?
– Hein ? Qu'elle essaie, pour voir ! »

Toto et Julien jouent avec le gros chien des voisins. Toto observe l'animal.
« C'est marrant, ce chien n'a pas de nez !
– Ah bon, mais comment sent-il ? demande Julien.
– Très mauvais ! »

Toto éternue. Sa maman lui dit :
« Tu pourrais mettre ta main devant la bouche !
– Bof, j'ai déjà essayé mais ça ne m'empêche pas d'éternuer. »

Toto a du mal à faire son exercice de maths. La maîtresse tente de lui expliquer :
« Si tu plonges la main dans ta poche de droite et que tu trouves une pièce de 1 euro, et si tu plonges ta main gauche dans ta poche de gauche et que tu trouves un autre euro, qu'est-ce que tu auras ?
– Le pantalon de quelqu'un d'autre, madame. »

Toto déclare à un copain :
« Dans la vie y'a trois sortes de gens.
– Ah bon ?
– Ouais, y'a ceux qui savent compter et ceux qui ne savent pas ! »

En classe de sciences naturelles, la maîtresse demande à Toto :
« Peux-tu me dire comment se reproduisent les hérissons ?
– En faisant très, très attention madame ! »

C'est Toto qui rentre de l'école tout content. Il dit à sa mère :
« Maman, je suis le seul à ne pas avoir eu 0 au devoir.
Le maître a dit : "Mathieu 0, Thomas 0, Christophe 0 et Toto idem !"
Tu peux être fière de moi ! »

Toto dit à une de ses amies :
« J'aurais bien aimé vivre au Moyen Âge !
– Pourquoi ?
– Parce que j'aurais eu moins d'histoire à apprendre ! »

La maîtresse de Toto lui demande s'il sait ce que signifie « une pagaille ».
« La pagaille, madame, c'est quand je joue tranquillement et que ma mère crie "Toto, t'as fait tes devoirs ?" »

Toto revient de l'école avec son bulletin. Des zéros partout.
« Quelle excuse vas-tu encore me donner ?
– Eh bien, j'hésite entre l'hérédité et l'environnement familial, maman. »

La maîtresse demande à Toto :
« Toto, pourrais-tu me dire ce qu'est un oiseau migrateur ?
– Oui m'dame, c'est un oiseau qui se gratte que d'un seul côté ! »

La maîtresse demande à Toto :
« Qu'est-ce qu'un chiffre impair ?
– C'est un chiffre qui protège contre la pluie ! »

La maman de Toto va l'inscrire dans un club.
« Bonjour, monsieur. Je cherche le directeur du Club des timides ?
– Vous le trouverez sous le tapis ! »

Toto demande à son père :
« De quelle couleur sont les petits pois ?
– Les petits pois sont verts !
– Bah non ! Les petits pois sont rouges, voyons papa ! »

« Eh Toto, tu sais où est l'ascenseur ?
– Non, mais je sais où est l'escalier... à côté de l'ascenseur ! »

Toto arrive chez son copain Manu :
« Alors, quoi de neuf ?
– Oh, à part la peinture de la chaise sur laquelle tu es assis, et qui est en train de sécher, pas grand-chose ! »

C'est Toto qui va à la ferme avec sa classe et dit à la maîtresse :
« Oh, madame, y'a des cochons.
– J'ai vu, Toto.
– Oh madame, y'a des chevaux.
– J'ai vu, Toto !
– Oh,ma...
– J'ai vu, Toto !
– Alors, pourquoi vous avez marché dedans ? »

La maman de Toto a 3 enfants Riri, Fifi, et ?

Toto !

Mon premier peut s'obtenir en frottant des silex.
Mon deuxième est l'organe pointu d'une guêpe ou d'une abeille.
Mon troisième est le thé en anglais.
Mon quatrième est l'enfant du père.
Toto est ébahi devant mon tout !

Feu d'artifice (feu-dard-tea-fils)

La maman de Toto vient d'accoucher d'une jolie petite fille. Le papa explique alors à son fils :
« Cette nuit, Toto, un ange est venu t'apporter un petite sœur. Veux-tu la voir ?
– Nan, j'veux voir l'ange ! »

Dans la rue, Toto observe un homme demander à une femme :
« Vous n'auriez pas vu un policier ?
– Non, répond-elle.
– Alors, donnez-moi votre sac à main. »

Demain, canicule, annonce-t-on à la radio. Il fera au moins 29°C à l'ombre.
« Tu as entendu, Arthur, dit Toto, demain, il vaudra mieux ne pas rester à l'ombre ! »

HAHAHA !

HAHAHA !

Mon premier est le diminutif d'Alfred.
Mon deuxième est entre « mi » et « sol ».
Mon troisième est le cri du mouton.
Pas sûr que Toto connaisse mon tout !

Alphabet (Al-fa-bêêê)

Toto et sa petite sœur sont au zoo. Celle-ci lui demande :
« Dis Toto, pourquoi les flamants roses lèvent-ils une patte quand ils dorment ?
– Eh ben, parce que, parce que... parce que s'ils levaient les deux, ils tomberaient ! »

Au début de l'année, la maîtresse décide de mieux connaître ses élèves.
« Aujourd'hui, j'aimerais que vous me disiez chacun quel est le prénom de votre papa ! Toi Aurélien, comment s'appelle ton papa ?
- Mon papa s'appelle Claude.
- Et toi Cédric ?
- Il s'appelle Jean-Pierre, madame.
- Et toi, Toto ?
- Heu, je me souviens plus...
- Mais enfin Toto, que dit-on quand on appelle ton papa ?
- Heu... ah oui, je me souviens : "ON MAAANGE !" »

Le matin, la maîtresse demande à ses élèves d'apprendre pour l'après-midi les nombres de 0 à 10.
L'après-midi venu, Toto rentre en classe et la maîtresse l'interroge :
« Vas-y Toto, je t'écoute.
- Un, deux, trois, quatre, cinq, six, sept, huit, dix...
- Mais... où est le neuf, toto ?
- Je l'ai mangé à midi, maîtresse ! »

C'est la sortie de l'école, mais le jeune Toto sort tout seul.
Sa mère lui dit :
« Où sont les autres ?
- Ils sont tous punis !
- Mais pas toi, c'est bien !
- Non, moi je suis renvoyé ! »

Toto rentre du jardin où il était en train de jouer avec son lance-pierres :
« Papa ! Maman... Vous qui vous demandiez quand vous alliez faire connaissance avec les nouveaux voisins, je peux vous dire que c'est dans deux minutes. »

« Ce matin, à l'école, j'ai li, dit Toto.
– On dit "j'ai lu", corrige sa maman. Et qu'as-tu fait d'autre ?
– J'ai écru. »

Toto arrive tous les matins avec 10 minutes de retard à l'école.
Aujourd'hui, il a fait un effort puisqu'il arrive cinq minutes après la sonnerie.
« Bravo, s'exclame le professeur, c'est la première fois que tu arrives en retard si tôt ! »

Toto va à l'école pour la première fois.
Le soir, sa maman lui demande :
« Alors, ça t'a plu ?
– Oui, mais la maîtresse est nulle, elle ne sait rien. Il faut lui donner les réponses à chaque fois ! »

La petite sœur de Toto demande à son frère :
« Tu crois que les étoiles tiennent par un fil ?
– Bien sûr, ce sont des étoiles d'araignée... »

J'ai une super idée, sœurette. On va jouer au jeu de la porte, tu connais ?
Euh non... Non... c'est quoi ?
Moi, je ferme ma porte et toi, tu la fermes...

HOHOHO !

Toto demande à un camarade :
« Qu'est ce qui est jaune et qui court vite ?
– Un citron pressé ! »

C'est l'heure de manger, Toto se présente à la cantine :
« Chef, est-ce que vous servez les nouilles ?
– Bien sûr Toto, ici, on sert tout le monde ! »

HIHIHI !

Toto pêche au bord du ruisseau. Un passant l'interpelle :
« Alors, ça mord ?
– Pensez-vous, m'sieur ! Ces poissons-là ne sont pas bien méchants... »

« Dis, Toto, tu sais comment on appelle un rat fatigué ?
– Oui, un rat pla-pla ! »

En classe, Toto demande s'il peut aller aux toilettes. La maîtresse dit non, puis elle interroge les élèves :
« Où se trouve le plus grand fleuve du monde ? »
Et Toto répond, penaud :
« Euh, il est sous ma chaise, madame... »

« Papa, j'ai découvert que maman est une fée !
– Ah oui, et pourquoi maman est une fée, Toto ?
– Parce que pépé a dit qu'elle te faisait marcher à la baguette ! »

AHAHAH !

Toto et un copain entrent dans un cinéma. Toto demande :
« Deux places s'il vous plaît, madame. »
Deux minutes plus tard, il revient :
« Deux autres places, madame. »
Puis quelques instants plus tard, il revient à nouveau :
« Encore deux places... »
Étonnée, la dame s'exclame :
« C'est la troisième fois que tu prends des places !
– Ce sont les gens là-bas ! Ils n'arrêtent pas de déchirer nos tickets ! »

HOHOHO !

« Toto, c'est toi qui as mangé tous les biscuits ?
– Non, maman.
– Arrête de dire des bêtises, ta sœur t'a vu !
– Impossible, elle dormait... »

À table, Toto est en famille avec ses grands-parents. Avant de s'installer, il crie à sa mère :
« Maman, maman, j'ai envie de faire pipi !
– Pas si fort Toto, ce n'est pas très poli de crier comme ça ! Tu ne peux pas dire, je ne sais pas moi, "maman, j'ai envie de chanter ?", ce serait plus joli !
– Bon d'accord... »
À table, Toto, assis à côté de sa grand-mère s'agite. Il aimerait bien se lever, mais doit demander la permission.
« Mamie, mamie, j'ai envie de chanter, oh, là, là, qu'est-ce que j'ai envie de chanter ! »
La grand-mère se penche alors et dit :
« Je n'entends pas très bien, mon Toto, viens donc me chanter ça dans l'oreille ! »

Toto a un correspondant anglais pour quelques jours à la maison. Celui-ci rentre en courant dans la chambre de Toto :
« Toto, Toto, j'ai vu un airplane !
– Mais voyons, William, on dit "avion"...
– Ah, d'accord... J'avion vu un airplane ! » reprend fièrement le correspondant.

Toto se plaint à un ami :
« Ma mère m'a puni pour quelque chose que je n'avais même pas fait !
– Ah, oui et qu'est-ce que c'est ?
– Mes devoirs ! »

La maîtresse explique à ses élèves que les vaches mâchent toute la journée. Toto demande alors :
« Mais à part du chewing-gum, qu'est-ce qu'elles mangent ? »

Toto rentre de colonie de vacances. Sur le chemin du retour, ses parents lui demandent :
« Alors, Toto, tu as eu beau temps, là-bas ?
– Oui ! Il n'a plu que deux fois ! répond Toto.
– Ah ?
– Oui, la première fois, pendant une demi-journée, et la deuxième, pendant dix jours ! »

Toto se promène lorsqu'il arrive devant un peintre qui a installé son chevalet.
« Vous ne peignez que des paysages, monsieur ? demande Toto poliment.
– Oui, fiston ! Aucun arbre ne s'est jamais plaint qu'il n'était pas ressemblant ! »

« Dis donc, Toto ! Tu triches !
– Oui, grand-père !
– Tu sais ce qui arrive, quand on triche ?
– Facile, pépé, on gagne ! »

Toto est en vacances avec des copains. Au petit matin, à la sortie de la tente du camping, Julien demande à Toto :
« Comment sais-tu que j'ai oublié de mettre mon slip, Toto ?
– C'est pas dur ! Tu as aussi oublié de mettre ton pantalon ! »

Au zoo, Toto questionne le gardien :
« Mais comment pouvez-vous laisser un lion et un mouton dans la même cage ?
– C'est simple... Il suffit de changer le mouton tous les jours ! »

Toto est chargé de surveiller le lait qui chauffe sur la cuisinière. Tout à coup, il s'écrie :
« Maman, viens vite, il y a plus de lait que de casserole ! »

Le père de Toto annonce à son fils qu'il va bientôt avoir un petit frère.
« Trop cool ! Merci, papa ! Je cours l'annoncer à maman ! »

À l'école, la maîtresse demande à Toto :
« Comment s'appelle l'arbre qui fait pousser les citrons ?
– Euh, le citronnier.
– Comment s'appelle l'arbre qui donne des bananes ?
– Euh, le bananier ?
– Bien, et sur quel arbre poussent les dattes ?
– Euh, je crois que c'est les calendriers ! » répond Toto.

La maîtresse demande à ses élèves de conjuguer "faire un gâteau et le manger" à toutes les personnes, au présent. Toto écrit :
« Je fais un gâteau et je le mange, tu fais un gâteau et je le mange, il fait un gâteau et je le mange. »

La maman ordonne à Toto :
« Ferme la porte, il fait froid dehors !
– Mais maman, si je ferme la porte, il fera toujours froid dehors. »

« Ça alors, c'est original, s'exclame Julien lorsque Toto arrive à l'école, tu as une chaussette jaune et une autre rouge !
– Tu parles, répond Toto, j'ai exactement la même paire à la maison... »

hihihi !

hihihi !

Je vais acheter
10 kilos de bonbons !
Cool !
Et tu m'invites ?
Pas de problème, tu pourras
me regarder les manger !

Toto demande à son camarade :
« Tu connais l'histoire de la feuille de papier ?
– Non.
– Elle déchire ! »

Noa dit à Toto :
« Ton chien m'a mordu, j'exige des excuses !
– Pas question ! En revanche, tu peux venir mordre mon chien quand tu veux ! »

Toto décide de proposer un numéro formidable pour le spectacle de fin d'année à l'école :
« M'dame, m'dame ! Moi, je sais imiter l'oiseau !
– C'est très bien Toto, mais on a déjà vu ce numéro un millier de fois !
– Ah, ben zut alors », fait Toto, dépité.
Sur ce, il se lève, ouvre la fenêtre, et s'envole !

La maîtresse demande aux enfants :
« Alors les enfants, savez-vous qui est-ce qui a inventé la poudre ? »
Toto lève la main :
« En tout cas, mon papa a dit que c'était sûrement pas vous ! »

« Dis, Toto, lui demande sa maman, tu sais pourquoi le travail d'équipe est essentiel ?
– Oui, maman, car en cas d'erreur, ça permet d'accuser quelqu'un d'autre. »

HiHiHi !

Toto est en cours d'anglais. La maîtresse demande :
« Comment dit-on à un Anglais de venir ici ?
– "*Come here* !"
– Bien Toto, maintenant comment tu lui dis d'aller là-bas ?
– Ben c'est simple, je vais là-bas et je lui dis : "*Come here* !" »

La maîtresse rend les problèmes de maths qui parlaient d'animaux blessés.
« Tout le monde a bien réussi, sauf Toto qui n'a indiqué que des chiffres ! Peut-on savoir pourquoi ?
– C'est le numéro de téléphone de mon père... Il est vétérinaire ! »

HAHAHA !

Toto est à l'école et écoute la maîtresse dire aux élèves :
« Aucun métal n'est transparent les enfants...
– Mais si, madame, le grillage l'est ! »

Toute la famille visite le zoo avec tonton Jules.
« Oh, regardez le singe, crie soudain Toto, on dirait tonton Jules !
– Voyons Toto, tais-toi, gronde sa maman.
– Mais maman, aucune importance, un singe, ça ne peut pas comprendre ! »

« Toto, veux-tu arrêter de faire des grimaces ?
– Pourquoi, papa ?
– Parce que sinon quand tu seras grand, tu auras le visage déformé !
– Ça alors ! Pas croyable ! Tu as dû en faire un paquet, quand tu étais petit ! »

Toto est à table avec ses parents.
« Maman ! Il…
– Chut Toto, on ne parle pas à table. »
À la fin du repas, la maman de Toto lui dit :
« Voilà, maintenant, tu peux parler.
– Trop tard, je voulais te dire qu'il y avait un asticot dans ta salade… »

Le docteur fait entrer Toto et lui demande :
« Toto, qu'est-ce qui t'amène ?
– Euh, le bus ? »

Toto est aux toilettes. Il a laissé la porte ouverte.
Sa maman lui dit :
« Mais Toto, pourquoi laisses-tu la porte ouverte ?
– J'ai peur que quelqu'un regarde par la serrure. »

« Eh, Toto, tu aimes le thé ?
– Oh, oui, j'adore ça ! Pas toi, Manu ?
– Si, si. Mais je n'en bois pas parce que les petits sachets me restent dans la gorge ! »

Toto et un copain discutent dans la cour de récré.
« Est-ce que tu parles anglais, Toto ?
– Comment veux-tu que je le sache, je n'ai jamais essayé ! »

Toto discute avec Julien :
« L'autre jour, j'ai croisé Justine, mais elle ne m'a pas vu !
– Je sais, elle me l'a dit ! »

La maîtresse interroge Toto :
« Peux-tu me dire quel est le pays où l'obésité est la plus forte ?
– Oui, madame. La Grèce. »

Un touriste à Amsterdam voudrait traverser le canal pour rentrer chez lui. Après une heure de marche le long du canal, il aperçoit Toto sur l'autre rive. Il lui crie :
« OH, EH ! COMMENT FAIT-ON POUR PASSER DE L'AUTRE CÔTÉ ? »
Toto lui répond :
« MAIS VOUS ÊTES DÉJÀ DE L'AUTRE CÔTÉ ! »

La maman de Toto regarde le cahier de leçons de son fils et s'écrie : « Mais Toto, qu'est-ce que tu écris mal ! Tu ne peux pas écrire un peu plus gros, c'est illisible.
– Ah non, maman ! Quand j'écris plus gros, la maîtresse voit toutes les fautes ! »

Toto parle avec une fille qu'il vient de rencontrer à la récréation :
« Il m'énerve le nouveau directeur, il est trop bête !
– Oh ! Attention à ce que tu dis... tu sais qui je suis ?
– Euh... non !
– Je suis la fille du directeur !
– Et moi tu sais qui je suis ?
– Euh... non !
– Tant mieux ! »

Toto va voir son père et lui demande :
« Dis, papa, il avait quel âge le petit Robert quand il a écrit son dictionnaire ? »

Le père de Toto demande :
« Dis-moi Toto, il y avait deux parts de gâteau dans le frigo, peux-tu m'expliquer pourquoi il n'en reste qu'une seule ?
– Ah, parce que j'avais pas vu qu'il y en avait deux ! »

Toto demande à sa maman :
« Est-ce que je peux avoir du chocolat ? »
Sa maman le regarde sévèrement :
« Qu'est-ce qu'on dit, Toto ? S'il... S'il... ?
– S'il en reste ? »

Toto arrive tout content à l'école et dit à sa maîtresse :
« Madame, mon petit frère est né hier !
– Ah ! Et comment s'appelle-t-il ?
– On ne sait pas, il ne parle pas encore ! »

Pourquoi, quand Toto s'appuie contre un mur, le mur s'écroule ?

Car c'est toujours le plus intelligent qui cède !

La maîtresse demande à Toto :
« Toto, fais-moi une phrase avec un adjectif épithète.
– Aujourd'hui il fait beau, épithète demain il pleuvra. »

Toto demande à son camarade :
« Tu connais l'histoire du Petit Poucet ?
– Non.
– Le petit poucet, mais rien ne sortait… »

Toto joue dehors avec ses copains.
Tout à coup, il s'arrête :
« Ah, zut ! Il faut que je rentre, c'est l'heure d'arroser le jardin.
– Mais voyons, Toto, il pleut !
– Ne vous inquiétez pas les copains, je vais mettre mon imperméable ! »

Toto, tu vas où pendant les vacances de février ?
Je vais en vacances chez mon grand-oncle.
C'est quoi un grand-oncle ?
Ben, c'est un oncle d'occasion... Il a déjà servi aux parents !

« Dis, Toto, lui demande son papa, tu sais pourquoi les fans de l'équipe de France ont les mains toutes lisses ?
– Bien sûr, papa, car cela fait trois mois qu'ils se les frottent en disant "Le prochain match, on le gagne !" »

Toto et Violette font leurs devoirs de vacances. Toto demande :
« Tu peux me prêter ton surligneur ? »
Toto essaie le surligneur et dit :
« Mais il ne marche pas !
– Normal, il n'a pas de pieds ! »

Toto s'adresse à sa grand-mère, admiratif :
« Dis donc, Mémé, tu tricotes drôlement vite !
– Oui Toto, je me dépêche avant que la pelote soit finie ! »

Le maître s'approche de Toto :
« Je t'ai observé depuis ce matin, tu ne fais que regarder les mouches !
– Vous avez mal regardé alors, monsieur. J'en ai attrapé deux. »

Toto entre dans une bibliothèque et demande un soda, des frites et un burger.
Le bibliothécaire répond :
« Toto, tu es dans une bibliothèque, voyons ! »
Toto répond en chuchotant :
« Un soda, des frites et un burger. »

Le père de Toto est en voyage. À table, Toto prend sa place et s'amuse à l'imiter. Il dit à sa mère :
« Je crois qu'il est temps d'offrir une console de jeux au petit ! »

Mon premier est le bébé
de la biche.
Mon deuxième n'est pas tard.
Mon troisième est le cri
de la vache.
Chut ! Toto a peur de mon tout !

Fantômes (faon-tôt-meuh)

En pleine nuit, Toto se lève de son lit, les bras tendus et se dirige vers la cuisine.
Sa mère qui n'est pas couchée lui dit :
« Arrêter de jouer les somnambules...
Ton père a fini les chocolats ! »

« Maman, maman, est-ce qu'une olive noire ça a des pattes ?
- Bien sûr que non, Toto !
- Gloups, je crois que j'ai mangé un cafard alors ! »

« Maman, maman, j'ai eu une bonne note, tu veux la voir ?
– Non, c'est bon Toto, je verrai ça plus tard.
– D'accord, mais il faut que tu signes ici.
– Je n'ai vraiment pas le temps, je le fais rapidement. »
Plus tard, le papa de Toto demande à sa femme comment était le carnet de notes de Toto.
« Oh, tu sais chéri, d'habitude, il refuse de nous parler de ses mauvaises notes. Là, comme il insistait en parlant de ses bons résultats, j'ai tout de suite signé ! »
Le lendemain, un copain de Toto lui demande :
« Ils ont dû sacrément se fâcher tes parents, avec les notes que tu as.
– Non ! Ma mère a signé mon bulletin sans rien regarder ! »

HOHOHO

La maîtresse demande à Toto :
« Quand je dis "j'étais belle", c'est à l'imparfait. Quand je dis : "je suis belle", qu'est-ce que c'est, Toto ?
– C'est un mensonge, madame ! »

En classe :
« Toto, quelle est la différence entre le soleil et ton devoir de maths ?
– Je ne sais pas, maîtresse.
– Le soleil est un astre, et ton devoir de maths est un désastre ! »

Toto demande à son copain :
« Tu connais la différence entre un téléphone et un judoka ? Il n'y en a pas, ils ont tous les deux une prise ! »

Toto est à la montagne, son papa lui demande :
« Sais-tu pourquoi les chalets sont en bois ?
– Parce qu'ils ont déjà utilisé toutes les pierres pour construire la montagne ! »

Toto est en train de lire l'annuaire téléphonique.
« C'est quoi ton livre ? lui demande son frère.
– Un roman.
– Il est bien ?
– Oui, mais qu'est-ce qu'il y a comme personnages ! »

Toto rentre de l'école, et son père lui demande :
« Récite-moi tes tables de multiplication. »
Alors, Toto se met à chanter :
« La-la-la, la... la-la-la... la. La-la-la... la...
– Comment ça "la, la, la" ?
– En tout cas, c'est la musique parce que les paroles, je les ai oubliées ! »

Lundi
Vous avez de la tarte au concombre ?
Non, nous n'avons pas ça.
Mardi
Vous avez de la tarte au concombre ?
Non, nous n'avons pas ça, désolée.
Mercredi
Vous avez de la tarte au concombre ?
Non, toujours pas...
Jeudi
Vous avez de la tarte au concombre ?
Oui, j'en ai fait exprès pour toi, mon petit Toto.
C'est pas bon, hein ?

La maman de Toto demande à son fils de regarder le thermomètre pour savoir comment s'habiller :
« Toto, regarde à la fenêtre si le thermomètre a chuté.
- Oh, oui, maman !
- De combien, Toto ?
- D'au moins six étages ! »

hihihi !

Toto pose une devinette à son copain :
« Quel est le point commun entre une école et des toilettes ?
– Quand on en sort, on est soulagé ! »

La maîtresse demande à Toto :
« Qu'a fait le roi Arthur quand il est monté sur le trône ?
- Ben, il s'est assis... »

À l'école :
« Toto, conjugue-moi au présent la phrase "le voleur a été arrêté hier".
- Ben... il est en prison, m'dame ! »

Le père de Toto se fâche :
« Sache, Toto, que dans cette maison, c'est moi qui commande ! »
Puis il ajoute, inquiet :
« Surtout, pas de gaffe. Ne va pas répéter à maman que je t'ai dit cela... »

Toto dit au marchand de fruits et légumes :
« Je voudrais une douzaine de bananes.
- Tu les aimes tant que ça ?
- Non pas tellement, avoue Toto. Mais j'ai reçu en cadeau une panoplie de petit infirmier et, en jetant une douzaine de peaux de banane sur le trottoir, j'ai une chance de pouvoir l'inaugurer. »

Toto mange salement à table.
Son père, excédé, lui dit :
« Tu manges comme un goret, Toto.
- Comment ?
- Est-ce que tu sais ce que c'est, un goret, au moins ?
- Oui papa, c'est le fils du cochon ! »

Toto et sa copine rêvassent en regardant les nuages.
Tout à coup passe un avion.
« Ah, je le reconnais, c'est l'avion du président ! fait la petite fille.
- Mais non... répond Toto, sinon on verrait passer les motards ! »

Toto demande à un camarade :
« Qu'est-ce qui fait "nioc-nioc" ?
- Un canard qui essaye de parler le verlan. »

Avant de partir en vacances, le père de Toto demande à ce dernier de bien vouloir vérifier les pneus pendant qu'il fait le plein d'essence. Toto fait alors le tour de la voiture :
« Un, deux, trois, quatre ! C'est bon papa, ils sont tous là ! »

Toto entre de manière pressée dans un restaurant. Il s'approche d'un serveur et lui chuchote timidement à l'oreille :
« Où sont vos toilettes, s'il vous plaît ? »
Le serveur lui répond :
« De l'autre côté. »
Alors Toto se déplace et lui chuchote dans l'autre oreille :
« Où sont vos toilettes ? »

En cours d'histoire :
« Toto, peux-tu me dire ce qu'a fait Christophe Colomb après avoir posé un pied en Amérique ?
- Euh... Il a posé l'autre, m'dame. »

Toto demande à un camarade :
« Qu'est ce qui fait 999 fois "TIC" et 1 fois "TOC" ?
– Un mille-pattes avec une jambe de bois. »

Toto dit à sa maman :
« Tu as vu maman, des chevals !
- Non Toto, ce sont des chevaux !
- Ah bon, pourtant ça ressemble trop à des chevals ! »

À la piscine, le maître-nageur demande à Toto :
« Dis donc, où as-tu appris à nager ?
– Heu… dans l'eau… »

« Dis, Arthur, tu sais pourquoi les éléphants ont une mauvaise vue ? demande Toto.
– Non.
– C'est parce qu'ils ont des défenses d'ivoire ! »

« Qui est-ce qui ramasse des pêches et des marrons ? demande Toto à son frère.
– Le jardinier !
– Non, le boxeur ! »

Toto rentre de l'école, tout fier.
« Tu sais, maman, je sais plus de choses que la maîtresse.
– Pourquoi dis-tu ça ?
– Je passe dans la classe supérieure alors qu'elle, elle reste dans la même ! »

Toto est à la boulangerie.
« Bonjour, monsieur,
je voudrais un 500 feuilles.
– C'est quoi un 500 feuilles ?
– Ben, c'est la moitié d'un mille-feuille. Je n'ai pas assez d'argent pour en acheter un entier. »

La maîtresse fait une leçon de calcul.
« Deux euros plus deux euros, ça fait combien ? » demande-t-elle.
Toto lève le doigt :
« Deux éclairs au chocolat, m'dame ! »

« Toto, quelle heure est-il ?
– Je ne sais pas, elle change tout le temps ! »

Toto est à l'école. La maîtresse lui demande :
« Peux-tu me citer un liquide qui ne peut pas geler ? »
Toto répond :
« L'eau chaude ! »

Toto demande à un camarade :
« Comment appelle-t-on un nez qui fait peur aux oiseaux ?
– Un nez-pouvantail ! »

Quand Toto est né, c'était un bébé tout à fait normal, qui grandissait très bien. À un an, il n'avait pas encore dit un seul mot, c'est normal pour cet âge. À deux ans, toujours aucun son, mais ses parents pensaient que ça n'allait plus tarder. À trois ans, toujours silencieux, ses parents s'inquiétèrent et l'emmenèrent chez le pédiatre, qui ne trouvait rien d'anormal et rassura les parents. Il fallait un peu de temps !
À quatre ans, Toto ne disait toujours rien. Ni à cinq ans.
À six ans, Toto devait entrer à l'école primaire, mais il ne parlait toujours pas... Un soir, installé à table pour le dîner, au moment d'entamer sa soupe, il se tourne vers sa mère et dit :
« La soupe est froide. »
La maman de Toto n'en revient pas. Elle est folle de joie et lui demande aussitôt :
« Toto ! Mais tu peux parler ?! Pourquoi n'as-tu rien dit pendant toutes ces années ?
– Ben... Parce que jusqu'à maintenant, tout était parfait. »

Toto, qu'y a-t-il au-dessus du millilitre ?
Le centilitre !
Très bien, Toto. Et qu'y a-t-il au-dessus du centilitre ?
Le décilitre !
Super, Toto. Et qu'y a-t-il au-dessus du décilitre ?
Le litre !
Parfait ! Et au-dessus du litre ?
Euh... le bouchon ?

En classe, la maîtresse demande aux élèves d'ouvrir le dictionnaire et de prendre un mot au hasard avec lequel ils doivent inventer une phrase. Toto tombe sur le mot « hameçon ».
« Nous t'écoutons, Toto !
– Eh bien, l'autre jour je suis allé chez le marchand de chaussures, maman m'a acheté des baskets, mais hameçon trop petites ! »

« Toto, à quoi servent les quatre pattes du chat ? demande la maîtresse.
– Les deux de devant à courir, les deux de derrière à freiner ! »

« Quel est le premier animal apparu sur terre ? » interroge la maîtresse.
Toto répond :
« Le mouton, parce qu'il est lainé ! »

Une mère, particulièrement fière de son fils, énumère à la maman de Toto ses exploits.
« Il a prononcé son premier mot à six mois. Il marchait à dix mois. Il a été propre à un an. Toto était aussi avancé ?
– Oh ! À six ans, il ne parlait pas beaucoup, mais quand il avait vraiment quelque chose à nous dire, il n'hésitait pas à nous envoyer un mail. »

« Toto, sais-tu où est passée la passoire ?
– Bah, oui maman, je l'ai jetée, elle était pleine de trous »

Indignée, la maîtresse dit à Toto :
« Toto, ton contrôle d'histoire est dégoûtant !
– Mais, madame, je n'ai écrit que des noms propres... »

Toto est triste, son chien Médor s'est perdu.
Ses parents font tout pour le consoler. Soudain, le père a une idée :
« Écoute, Toto, on ira poser des affichettes un peu partout dans le quartier, avec sa photo, notre adresse et notre numéro de téléphone, d'accord ?
– Mais papa, tu es bête ou quoi ? Médor ne sait pas lire ! »

« Toto est absolument fou de télévision, raconte la maman de Toto à une amie.
– Cela doit vous empêcher d'avoir des conversations...
– Pas du tout. Nous avons un code. Quand je lui parle pendant qu'il regarde ses dessins animés, s'il pousse un grognement ça veut dire oui, et deux grognements, c'est non. »

La maîtresse a puni Toto qui n'a pas l'air de s'en émouvoir :
« De toute façon, quand je serai grand, je serai architecte et ferai construire des écoles rondes !
– Ah bon ! Et pourquoi cela ?
– Comme ça, vous ne pourrez plus mettre les enfants au coin ! »

Que fait Toto qui a terminé de regarder un DVD ?

Il le rembobine.

« Quelle planète se trouve juste après Mars ? demande la maîtresse à Toto.
– Euh... Avril ! »

Toto se vante auprès d'un copain :
« J'ai marqué 230 buts contre l'équipe adverse !
– Mais c'est impossible !
– Oh, si ! Il suffit d'arriver deux heures avant le match... »

Toto pêche en zone interdite. Un gendarme l'interpelle :
« Mon petit, tu sais qu'il est formellement interdit de pêcher ici ?
– Mais je ne pêche pas, monsieur l'agent, j'apprends à nager à mon asticot ! »

« Tu sais Toto, si tu es sage, tu iras au paradis, mais si tu continues tes bêtises, tu iras en enfer !
– Ah ! Et pour aller au parc d'attractions, je dois faire quoi ? »

Au foot, l'entraîneur s'adresse à Julien et Toto :
« Julien, tu seras gardien, et toi Toto, tu joueras avant.
– Euh, je peux pas jouer pendant, moi ? » demande Toto, vexé.

Toto demande à un camarade :
« Qu'est-ce que dit un œuf qui attend un pote depuis une heure ?
– S'il n'est pas là dans 10 minutes, j'me casse. »

« Tu sais Toto, la télévision ne pourra jamais remplacer un vrai journal, lui dit son père.
– Mais pourquoi, papa ?
– Tu as déjà essayé d'écraser un moustique avec une télé ? »

« Quand une ligne n'est pas droite, comment est-elle? demande la maîtresse.
– Elle est gauche ! » répond Toto.

Toto s'entraîne à compter de tête. Son père lui dit :
« Imagine que tu as une mini-calculatrice dans la tête. Tu verras, c'est facile.
– Désolé, papa. Je crois que les piles sont à sec ! »

Quelle est la différence entre Toto et un galet ?

Au moins, le galet il est bien poli...

La maman de Toto demande à son fils :
« Qu'est-ce que les enfants usent le plus à l'école ?
– Les professeurs, maman ! »

Toto est en vacances chez son tonton et en profite pour plaisanter avec lui :
« Dis, tonton, tu connais la blague du petit déjeuner ?
– Non, Toto.
– C'est pas de bol ! »

Toto écrit au père Noël :
« Cher père Noël, je te promets d'être sage et de ne plus me battre avec mon petit frère. Pour Noël, j'aimerais que tu m'apportes des gants de boxe.
Ne m'oublie pas, merci ! »

« Docteur, dit Toto, je me suis cassé une dent avec la fève de la galette...
– Eh bien, Toto, puisque tu es le roi, je vais la couronner ! »

Un monsieur regarde, tout attendri, Toto qui joue avec son chien.
« Comment s'appelle ton chien ? lui demande-t-il.
– Ouah Ouah.
– Tiens ? Drôle de nom !
– Ce n'est pas moi qui l'ai choisi, c'est lui qui me l'a soufflé. »

« Toto ! Le perroquet a disparu ! Tu n'as rien remarqué d'anormal en mon absence ?
– Non rien, maman ! À part le chat qui s'est mis à parler. »

Le papa de Toto dit à son fils :
« Franchement, tu as une sale écriture, tu devrais faire un effort pour écrire plus lisiblement.
– Pas question, répond Toto. Je l'ai fait une fois et la maîtresse m'a dit que je faisais trop de fautes d'orthographe ! »

Toto entend son cousin raconter ses dernières aventures à un copain :
« J'ai emmené une fille sur mon vélo et quand on est arrivés au bord de la rivière, je lui ai demandé de m'embrasser. Figure-toi qu'elle a dit non, alors je suis remonté sur mon vélo et je suis parti en lui disant de rentrer à pied ! »
Toto admire son cousin et, quand il peut, il imite tout ce qu'il fait. Alors, le lendemain, il prend son vélo et emmène sa copine Justine au bord de la rivière...
« Tu veux m'embrasser ? demande Toto.
– Oui ! » répond tout de suite Justine.
Alors, Toto réfléchit et lui dit :
« Euh, ouais, alors tiens, c'est toi qui prends mon vélo et c'est moi qui rentre à pied ! »

Dans la classe, un inspecteur est arrivé. La maîtresse tente de lui montrer comment ses élèves apprennent bien l'anglais. Elle va donc écrire une phrase au tableau et demande qu'on la traduise. Immédiatement, Toto lève le doigt et dit :
« Ah ! La belle femme que voilà !
– Mais non, dit la maîtresse. Où as-tu été chercher ça ?»
Furieux, Toto se rassied et murmure à l'inspecteur :
« Quand on ne sait pas, on ne souffle pas ! »

Toto entre avec son chien chez un horloger.
« Bonjour monsieur, vous pourriez examiner mon chien ?
– Mais, je ne suis pas vétérinaire, je suis horloger, sourit le commerçant.
– Justement, vous trouvez normal que mon chien s'arrête toutes les cinq minutes pour renifler ? »

Merci, Martin.
Un autre devoir non fait et le prof convoquait mes parents !
Ouais, je n'aime pas bien ça, j'espère que tu n'as pas copié mot à mot ?
Tu peux être sûr que j'ai tout copié à la perfection ! Et quand je dis tout, c'est tout !
Toto, comment ça se fait que je n'ai pas ton devoir et que j'en ai deux au nom de Martin ?

« Que fait le chat ? interroge la maîtresse.
– Il miaule, répond Toto.
– Et le mouton ?
– Il bêle.
– Et le loup ?
– Il le mange ! »

HAHAHA !

« Pourquoi tu es mariée avec papa, maman ? demande Toto.
- Ah, tu te le demandes aussi ? »

La maîtresse interroge un élève :
« Et l'eau, elle bout à combien ?
– À quatre-vingt-dix degrés ! »
Alors, Toto lance du fond de la classe :
« C'est pas vrai ! C'est l'angle droit qui bout à quatre-vingt-dix degrés ! »

« Toto, combien font quatre et quatre ?
- Neuf.
- Tiens, moi, on m'a toujours dit que quatre et quatre, ça faisait huit.
- Que voulez-vous, tout augmente ! »

Mon premier est de l'autre côté de ton ventre.
Mon deuxième est au milieu du pain.
Mon troisième signifie « non » en anglais.
Toto joue à mon tout avec sa copine Justine.

Domino (dos-mie-no)

La maîtresse demande à Toto :
« Pourquoi Charlemagne a-t-il inventé l'école ?
– Parce qu'il ne risquait plus rien. Il était trop vieux pour y aller ! »

Toto rentre tout sale chez lui.
Sa mère s'énerve :
« Mais comment fais-tu pour te salir autant, Toto ?
– C'est simple, maman... Je suis beaucoup plus près du sol que toi ! »

« Tu ne veux pas t'asseoir, pépé ?
- Non, je te remercie Toto, je descends au prochain arrêt.
- Assieds-toi quand même pépé… On n'est pas dans le bus, mais dans le parc ! »

*Toto est au restaurant en famille.
Le garçon s'approche pour servir Toto et lui demande :
« Je te sers en riz ?
- Oh, non pas Henri, moi c'est Toto, m'sieur ! »*

**Toto demande à sa maman :
« Pourquoi tu as des cheveux blancs ?
– Parce que, à chaque fois que tu fais une bêtise, un de mes cheveux devient blanc !
– Oh la la, qu'est-ce que tu as dû en faire voir à mamie pour qu'elle en ait autant… »**

**Toto demande à un copain :
« Tu connais la différence entre un éléphant, une puce et la famille ?
– Euh, non.
– Une puce peut sauter sur un éléphant sans problème, mais l'inverse l'écraserait !
– Et la famille, dans tout ça ?
– Elle va bien, merci ! »**

Toto observe un pêcheur. Au bout d'un moment, ce dernier se retourne et lui dit :
« Tu veux quelque chose ?
– Non, non, répond Toto, c'est simplement que vous me faites penser à ma mère.
– Comment ça ?
– Elle aussi est sans arrêt en train de surveiller sa ligne. »

Toto est au cinéma où l'on a installé un écran 3D révolutionnaire. Pendant le film, Toto s'agite et finit par se pencher vers le fauteuil devant lui et dit :
« Pardon, m'sieur, mais votre chapeau me gêne… Vous pourriez l'enlever ? »
Et une voix lui répond :
« C'est impossible, mon garçon… Je suis dans le film ! »

Bon anniversaire, Toto !
Bon anniversaire, Toto !
Sans les mains !
CLAP CLAP CLAP
CLAP
Sans les pieds !
CLAP
CLAP
CLAP CLAP
CLAP
Fens les dents.
CROUIC CROUIC

« Docteur, ça ne va pas du tout, dit Toto.
Quand que je bois mon chocolat chaud, j'ai mal à l'œil.
– Lequel ?
– L'œil droit.
– As-tu pensé à retirer la petite cuillère du bol ? »

C'est l'été, Toto a choisi une belle pêche sur un plateau de fruits et s'apprête à mordre dedans.
« Toto, tu ne dois pas manger une pêche sans la peler, lui dit sa maman.
– Pêche ! Pêche ! Viens vite ! » crie Toto.

Toto est à la campagne et ses parents l'ont chargé d'arracher les mauvaises herbes dans le jardin. Il tire comme il peut sur toutes les herbes qu'il trouve et, de temps en temps, il bascule en arrière.
« Dis donc, fiston, t'es sacrément fortiche ! lance son père.
– Tu parles, papa ! Surtout que le monde entier tire de l'autre côté... »

« Je ne comprends pas, dit la maîtresse à Toto.
Tu avais de si bonnes notes en calcul, au début de l'année !
– Oui, m'dame, mais maintenant mon père n'arrive plus à suivre ! »

C'est Toto à l'école. Sa maîtresse lui demande :
« Toto, quelle est la cinquième lettre de l'alphabet ?
– Euh...
– Très bien, Toto. »

« Maman j'ai faim ! dit Toto. Qu'est-ce que tu as mis à cuire dans la poêle ?
– C'est du poisson pané, Toto.
– Oh zut ! S'il n'est pas né, on n'est pas prêts de manger ! »

« Toto chéri, m'aimes-tu ? demande Marie tendrement.
– Bien sûr, tu es mon amoureuse !
– Alors, dis-moi quelque chose de tendre et bon à l'oreille.
– Tarte au citron meringuée ! »

« J'ai battu un record, s'exclame Toto
– Ah bon, lequel ? demande sa mère.
– J'ai réussi à faire en 15 jours un puzzle sur lequel il y avait écrit "de 3 à 5 ans". »

Le papa de Toto lit le bulletin de son fils.
Il a l'air furieux et dit :
« Je lis que tu travailles lentement, que tu écris lentement, que tu comprends lentement, que tu cours lentement… Y a-t-il quelque chose que tu saches faire vite ?
– Oui, papa ! Je fatigue vite ! »

Un sympathique mendiant vient sonner à la porte de chez Toto. C'est Toto qui ouvre. Le mendiant demande :
« Dis, gamin, je suis déjà passé tout à l'heure et ta maman m'a donné un peu de sa tarte ! Tu n'aurais pas autre chose ?
– J'ai ce qu'il vous faut, monsieur ! » s'exclame Toto.
Et il revient avec un médicament contre les brûlures d'estomac.

Toto tend un dessin à la maîtresse :
« Tenez, madame, je l'ai fait pour vous !
– Merci, Toto, c'est gentil, mais euh… qu'est-ce que ça représente ?
– Ce sont des Martiens, bien sûr !
– Des Martiens ? répond la maîtresse en souriant. Mais Toto, personne ne sait à quoi ils ressemblent !
– Eh bien maintenant, on le saura… »

Toto repousse sa petite sœur :
« Non, tu n'auras pas de bonbons ! Toi, tu ne me donnes jamais rien…
– Menteur ! Le mois dernier, je t'ai donné la varicelle ! »

Julien lance d'un air malicieux à Toto :
« Eh, Toto, tu sais comment on appelle un chien qui n'a pas de pattes ?
– Euh, non ?
– On ne l'appelle pas, on va le chercher ! »

Toto joue dans un champ lorsque, tout à coup, descend d'un nuage une montgolfière. À l'intérieur, un homme, l'air complètement perdu et paniqué, aperçoit Toto. Il met ses mains en porte-voix et lui crie :
« Ohé, mon garçon ! Peux-tu me dire où je suis ?
– Vous êtes dans un ballon, monsieur ! » crie Toto.

C'est Toto qui s'amuse sur un pont.
« Papa, papa, dit-il, quand on sait où se trouvent les choses, c'est qu'elles ne sont pas perdues ?
– Bien sûr que non.
– Tant mieux, parce que je viens de laisser tomber ta montre dans la rivière ! »

La maman de Toto sort avec son fils et rencontre en chemin l'une de ses amies très jolie.
« Toto, embrasse la dame.
– Non, maman.
– Enfin Toto, obéis ! Pourquoi ne veux-tu pas embrasser la dame ?
– Parce que papa a essayé hier et il a reçu une paire de gifles ! »

HOHOHO !

La mère de Toto demande à son fils :
« Pourquoi as-tu mis le journal au frigo ?
– C'est pour avoir des nouvelles plus fraîches ! »

« Je me demande si ma mère n'est pas un peu distraite, confie Toto à son copain. Le soir, quand je suis bien réveillé, elle me met au lit, et le matin quand je dors bien, elle me réveille ! »

Toto rentre chez lui. Il a mouillé le fond de sa culotte. Sa maman s'écrie :
« Mais c'est une catastrophe !
– Non maman, c'est une pipistrophe ! »

« Sais-tu ce que les avaleurs de sabres mangent au petit déjeuner ? demande Toto à Arthur.
– Non ?
– Des canifs ! »

À l'opéra :
« Papa, demande Toto, c'est qui le monsieur qui fait peur à la dame en faisant de grands gestes ?
– Il ne veut pas lui faire peur, c'est le chef d'orchestre.
– Alors pourquoi la dame, elle crie ? »

HOHOHO !

Toto décide de servir le repas lui-même. Il apporte alors un steak à mains nues. Son papa s'écrie :
« Toto ! C'est dégoûtant ! On n'apporte pas la nourriture dans ses mains ! Tu sais, l'hygiène, c'est important ! Il faut y faire attention !
– Oh... Je sais bien papa, j'y fais attention ! Et comme ça, je suis sûr et certain qu'il ne tombera pas une seconde fois ! »

« Dis, papa, demande Toto, tu as déjà vu un détecteur de mensonges ?
– Mieux que ça, fils, j'en ai épousé un ! »

Toto a de la fièvre et a rendez-vous chez le médecin.
Il dit alors :
« Docteur, je vous promets d'être courageux.
Quand dois-je retourner à l'école ? »

hihihi !

Au restaurant, le serveur demande à Toto :
« Alors mon garçon, ton steak haché, tu l'as trouvé comment ?
– Tout à fait par hasard, en soulevant une frite ! »

Toto va voir sa mère après le dîner :
« Allons, maman, ne fais pas la vaisselle ! C'est ton anniversaire après tout !
– Oh, mon Toto, tu es trop mignon, toi !
– C'est normal, maman ! Et puis, ça peut attendre demain ! »

Toto demande à un poissonnier :
« Elles viennent d'où, toutes ces grenouilles, monsieur ?
– Je ne sais pas mon petit, elles parlent toutes la même langue ! »

« Maman, dit Toto, papa a dit que nous descendions tous du singe. C'est vrai ?
– Je n'en sais rien, ton père a toujours refusé de me parler de sa famille. »

La maîtresse demande à Toto :
« Qui a cassé le vase de Soissons ?
– C'est pas moi, m'dame ! »

La maman de Toto interroge son fils :
« Tu sais pourquoi il y a un trou au fonds des pots de fleurs ?
– Oui, maman. C'est pour prendre la température des plantes ! »

Au restaurant, Toto commande un hachis Parmentier.
« Ah ! Tu n'as pas de chance, lui dit le serveur.
– Vous n'en avez plus ? demande Toto.
– Si, si, justement ! »

Le père de Toto s'étonne de ne pas avoir encore reçu le bulletin scolaire de son fils et lui en demande la raison :
« Et ton bulletin, il n'est pas encore arrivé ?
– Si, si, mais je l'ai prêté à un copain pour qu'il fasse peur à son père ! »

« Allô, dit Toto.
– Bonjour mon garçon, j'aimerais parler à ton papa.
– Ce n'est pas possible, il n'est pas là.
– Alors, passe-moi ta maman.
– Elle n'est pas là non plus, il n'y a que mon frère, répond Toto.
– Alors, passe-moi ton frère. »
Après une minute de silence, Toto dit :
« Allô ! Désolé, monsieur, je n'arrive pas à le faire sortir de son berceau ! »

Toto discute avec son petit voisin :
« Tu veux que je te raconte une blague à l'envers ?
– Pourquoi pas.
– Alors, commence par rire ! »

Le maître interroge Toto :
« Donne-moi la définition de l'eau.
– C'est un liquide transparent qui devient noir quand je mets les mains dedans... »

Pourquoi Toto répond toujours à l'écho ?
Parce qu'il veut toujours avoir le dernier mot...

Rien de grave. Il lui faut juste un peu de compagnie.
Ah, d'accord, je vais le mettre dans ma chambre pour qu'il ne soit plus seul.
Oui, mais il y a l'odeur !
Ah, ça ? Il va falloir qu'il s'y fasse !

« Toto, peux-tu me dire ce qui s'est passé d'important en 1769 ?
– Napoléon est né, madame.
– Très bien, Toto. Et en 1772 ?
– Napoléon a eu trois ans ! »

Toto demande à un camarade :
« Un éléphant bleu va dans la mer Rouge, comment en ressort-il ?
– Mouillé. »

Toto demande à un camarade :
« Qu'est-ce qu'un canif ?
– Un petit fien ! »

Lors d'un spectacle, le ventriloque dit à sa marionnette :
« Alors, je crois que tu as une bonne histoire à nous raconter ! »
La marionnette répond:
« Oui ! C'est l'histoire de Toto... »
Soudain, Toto se lève dans la salle et crie :
« On arrête avec les blagues de Toto, j'en ai marre de me faire ridiculiser ! »
Le ventriloque, mal à l'aise, répond :
« Excuse-moi, Toto... On fait ça juste pour s'amuser ! »
Toto répond :
« C'est pas à toi que je parle, c'est au petit à côté ! »

La maîtresse a demandé à la classe de rendre les devoirs effectués à la maison, et passe dans les rangs pour les ramasser.
Arrivée devant Toto, elle lui demande pourquoi il n'a rien à lui remettre.
« Ben, je ne l'ai pas fait, m'dame !
– Et pourquoi Toto ?
– Vous avez dit "devoir à la maison", mais j'habite en appartement, moi ! »

Toto surprend son copain Polo, assis à la table de la cuisine, trempant un doigt dans un verre d'eau.
« Qu'est-ce que tu fais ?
– Le docteur m'a ordonné de prendre un bain... Alors, je m'habitue ! »

Le maître donne un cours sur les hommes des cavernes.
« Vous savez que les premières lettres ont été écrites sur des roches.
– Ouah ! dit Toto à son copain. Les facteurs devaient être fatigués à la fin de leur journée ! »

Au cours de l'année, pour mieux connaître ses élèves, l'instituteur leur pose des questions sur leur famille. Arrive le tour de Toto. Le maître lui demande :
« Que fait ton père ?
– Il est chercheur !
– Chercheur en quoi ?
– Il cherche du travail, m'sieur ! »

« Dis, Toto, lui demande son papa, tu sais ce que c'est un porte-clés ?
– Bien sûr, papa, c'est une invention qui permet de perdre toutes ses clés d'un coup au lieu d'en perdre une seule ! »

Mon premier fait « miaou ».
Mon second recouvre tout ton corps.
Le papa de Toto porte souvent mon tout.

Chapeau (chat-peau)

Au cinéma, Toto chuchote à son père :
« Regarde, mon voisin s'est endormi !
– Bon d'accord, répond son papa, mais ça n'est pas une raison pour me réveiller ! »

Y a quelqu'un ?
Ouais ! Qui est là ?
Je suis un promeneur égaré. Pourriez-vous me dire comment on fait pour redescendre dans la vallée ?
Aucune idée ! Et je ne peux pas ouvrir...
Alors, demande donc à ton père...
Je ne peux pas. Il est sorti quand maman est rentrée.
Bah, demande à ta mère alors.
Maman est sortie quand grand-père est rentré.
Punaise ! Bon demande à ton grand-père de venir alors.
C'est pas possible. Il est sorti quand mon grand frère est rentré.
Bon ! Appelle ton grand frère.
Bah, il est sorti quand je suis rentré.
Bon sang... Vous n'êtes jamais en famille chez vous ?
Ben si, à la maison mais pas ici ! Ici, c'est les toilettes !

Toto revient du tennis. Sa mère lui demande :
« Alors, ce cours de tennis s'est bien passé ?
– Non ! Je me suis fait racketter ! »

« Mamie, mamie, est-ce que je peux jouer du piano ? demande Toto.
– Oui, mais lave-toi d'abord les mains.
– Pas la peine, je n'appuierai que sur les touches noires ! »

Toto achète des places de cinéma avec un copain.
« C'est pour *Roméo et Juliette* ? demande le caissier.
– Non, non, c'est pour Julien et moi ! »

Toto doit faire une course chez le pharmacien.
« Bonjour monsieur ! Je voudrais de l'acide acétylsalicylique, s'il vous plaît !
– Tu veux dire de l'aspirine ?
– Ha ! Oui, c'est cela… je ne me souvenais plus du nom. »

Mon premier peut être sous forme de lingots.
Mon deuxième n'est pas tard.
Mon troisième n'est pas maigre.
Mon quatrième ravage les forêts, l'été.
Mon tout est le cauchemar de Toto.

Orthographe (or-tôt-gras-feu)

« Arthur, est-ce que tu sais pourquoi un marin ne peut plus écrire quand il est rentré au port ? demande Toto.
– Non.
– Parce qu'il a jeté l'ancre. »

En classe, la maîtresse raconte l'histoire des *Trois Petits Cochons*. Elle commence l'histoire avec le premier cochon : « Un petit cochon, qui voulait construire sa maison, voit passer un homme avec une carriole pleine de ballots de paille. Le cochon lui demande s'il peut lui acheter sa cargaison… » Puis la maîtresse demande à ses élèves s'ils connaissent la réponse de l'homme et la suite de l'histoire. « Moi, moi ! dit Toto. Je sais ce qu'a dit l'homme ! Il a crié : "OH MON DIEU, UN COCHON QUI PARLE !" et il est parti en courant, fin de l'histoire. »

Mamie dit à Toto :
« Puisque c'est ton anniversaire, je vais te faire un gâteau avec dix bougies.
– Tu sais, mamie, ce que je préférerais, c'est que tu me fasses dix gâteaux avec une bougie ! »

Toto demande à sa mère, en lui montrant la balance :
« Est-ce que cette machine a un rapport avec la religion ?
– Pourquoi cette question ?
– Parce qu'à chaque fois que ma sœur monte dessus, elle crie "Mon Dieu ! Mon Dieu !" »

Toto entre dans une charcuterie et dit :
« Je voudrais du jambon, s'il vous plaît.
– Combien de tranches ?
– Allez-y, je vous arrêterai... »
Pendant cinq bonnes minutes, la charcutière tourne sans interruption la manivelle.
À la soixantième tranche, Toto dit :
« Stop ! C'est celle-là que je veux ! »

Assis dans un train, Toto mâche un chewing-gum quand la vieille dame assise en face de lui lui dit :
« Pas la peine de me faire la conversation, je suis sourde ! »

Toto et son père font du vélo.
À un rond-point, Toto fait plusieurs tours. Son père, agacé, lui demande :
« Mais pourquoi tu fais des tours comme ça ?
– Bah regarde, le panneau dit "30", donc je fais 30 tours ! »

La maîtresse demande à Toto :
« Qu'as-tu fait pendant les vacances ?
– Pas grand-chose. En tout cas, sûrement pas de quoi faire une rédaction. »

Toto demande à son copain Maxime :
« Tu sais comment il faut ranger les petits pains au chocolat dans une boulangerie ?
– Non...
– Par ordre des croissants ! »

Toto rentre de l'école avec son bulletin de notes, et va voir son père :
« Papa, c'est vrai que tes lunettes grossissent tout ? lui demande-t-il.
– Bien sûr, pourquoi ?
– Alors mets-les avant de regarder mon bulletin de notes ! »

Toto est dans son bain.
Il dit à sa maman :
« Passe-moi un autre shampoing, s'il te plaît.
– Mais, tu en as un à côté de toi !
– Je sais, mais celui-là, c'est pour cheveux secs alors que j'ai les cheveux mouillés ! »

Le père de Toto fait remarquer à son fils, qui écrit le prénom de sa petite sœur, que l'on doit mettre une majuscule aux noms propres. Toto répond :
« Mais Clémence, elle n'est pas propre ! »

« Tu ne manges pas, Toto ? demande sa maman.
– Je n'ai pas faim. Je viens juste de manger tous les raisins qui étaient sur le papier tue-mouches ! »

La maîtresse explique aux élèves :
« Si nous tenons debout, c'est grâce à la loi de la gravitation. »
Toto l'interrompt :
« Mais alors, m'dame, comment faisaient les gens avant que la loi ne soit votée ? »

Pendant la récré, Toto surprend sa maîtresse en train de discuter avec l'un de ses collègues.
« Hier soir, je me suis fait un masque de beauté. »
Toto intervient et dit :
« Eh bien, remettez-le ! »

Toto demande à un camarade :
« Comment appelle-t-on les petits d'une oie ?
– Les noisettes. »

Toto demande à son copain Julien :
« Quelle est la différence entre un chapon et une poule ?
– Je sais pas !
– Une poule cha pond et un chapon cha pond pas... »

Toto et sa petite sœur se disputent :
« Quel âne !
– Tête de cochon !
– Espèce de dinde ! »
Leur mère arrive et crie :
« Oh, la ferme ! »

HOHOHOHO !

Un agent de police croise Toto :
« Bonjour Toto, ton père et toi avez-vous ramené au zoo le pingouin que vous aviez trouvé dans la rue ?
– Oui, il a bien aimé, mais aujourd'hui, on l'emmène au cinéma... »

Toto et Julien se retrouvent.
Toto est en colère après son copain :
« Tu m'avais donné ta parole,
et tu ne l'as pas tenue !
– Je ne pouvais pas la tenir,
puisque je te l'avais donnée ! »

« Toto, dit sa maman contrariée, sais-tu quel est le point commun entre ton bulletin de notes et une limonade ?
– Euh... non.
– Ils ont tous les deux plein de bulles ! »

La maîtresse explique les pluriels à la classe. Elle choisit évidemment d'interroger Toto :
« On dit "un arbre" quand il n'y en a qu'un. Et quand il y en a plusieurs, que dit-on ?
– On dit "une forêt", m'dame ! »

En classe :
« Toto, pourquoi les requins vivent-ils dans l'eau salée ?
– Euh... Parce que le poivre les fait éternuer ? »

Toto est malade, il est allé voir le docteur :
« Docteur, je vais être franc. Avant de vous consulter, je suis allé voir un guérisseur...
– Ah, bon ! Et quelle idiotie a bien pu te raconter ce charlatan ?
– Heu... Il m'a conseillé de venir vous voir... »

« Toto, mamie nous invite à déjeuner au restaurant et je compte sur toi pour bien te tenir !
– Pourquoi, maman ? Il est en pente, le restaurant ? »

Toto demande à un copain :
« Comment tu sais que tu es atteint de la maladie de la vache folle ?
– Quand tu commences à manger de l'herbe ! »

Un médecin prend le pouls de Toto et lui annonce :
« Tu es en parfaite santé Toto, ton pouls est aussi régulier qu'un mouvement d'horlogerie !
– Normal, répond Toto, vous avez le doigt sur ma montre ! »

Toto a une énorme bosse sur la tête.
Sa maman lui demande ce qu'il lui est arrivé :
« Ben, mon chemin a croisé celui d'une guêpe dans les champs.
– Bonté divine, ce n'est quand même pas une guêpe qui t'a fait ça !
– Non, mais j'ai voulu l'écraser avec une pelle. »

« Toto ! Mange ton steak et tu seras fort comme un bœuf !
– Pff ! Arrête, maman. Tu m'as déjà fait le coup avec le poisson et je ne sais toujours pas nager... »

HOHOHO !

« Papa, cette nuit, j'ai rêvé que tu me donnais un billet de 10 euros !
– Eh bien, Toto, comme tu as été sage, tu peux le garder ! »

HOHOHO !

À la cantine, Toto arrive avec son plateau pour se faire servir :
« Bonjour madame, je voudrais un steak "oiseau", s'il vous plaît !
– C'est-à-dire ?
– Je le voudrais "cuit-cuit" ! »

Toto discute avec Julien dans la cour.
« Justine est toujours fâchée contre toi ? demande Julien.
– Je dirais que ça va mieux. Avant, elle m'envoyait un texto tous les jours pour me dire que j'étais bête, maintenant, elle ne m'en envoie plus du tout ! »

Il est sept heures du matin. Toto entre dans la chambre de ses parents et tire sa mère par le bras :
« Maman, c'est l'heure…
– Hein, quoi ? fait la mère encore tout ensommeillée. C'est l'heure de quoi ?
– De réveiller papa pour qu'il vienne me réveiller ! »

Toto est à la cafétéria avec un copain. Il lui demande :
« Tu prends quoi ?
- Un soda.
- Moi aussi. Madame, deux sodaux, s'il vous plaît ! »

Toto arrose les fleurs. Sa maman s'étonne :
« Que fais-tu, Toto ? Elles sont en plastique !
– Je sais, maman, mais je n'ai pas mis d'eau dans mon arrosoir... »

hihihi !

« Toto, lui dit son père, cette passion que tu as pour les westerns devient une vraie folie. Si tu ne laisses pas immédiatement ce poste de télé pour aller faire tes devoirs, je descends de ma selle, je pose mes revolvers, j'ôte mes éperons et je te flanque une bonne correction ! »

Toto discute avec un camarade de classe :
« Quand je parle, j'ai carrément l'impression de puer des pieds !
– Ouh là, tu dois avoir les dents qui se déchaussent... »

Quelle est la différence entre un imbécile, un boxeur et Toto ?

Aucune, ils sont tous les trois super lourds !

hihihi !

« Eh Toto, j'ai une idée, lui dit son papa. Ramassons des escargots et faisons une course !
– D'accord, papa, mais on est sûrs de gagner... »

Toto et sa maman entrent dans un immeuble :
« Toto, appelle l'ascenseur.
– Ascenseur, ascenseur, ascenseur ! »

Toto répond au téléphone :
« Allô, je suis le directeur de l'école et je veux parler à tes parents !
– Désolé, monsieur, ils n'ont pas le téléphone... »

En pleine vitesse sur sa trottinette, Toto renverse une vieille dame dans la rue.
« On peut dire que vous en avez eu de la chance, madame, de me trouver sur votre chemin... »

Dans la cour de récré, Igor le costaud s'écrie :
« Est-ce qu'il y a un Julien, ici ?
– Oui, c'est moi ! »
Alors, Igor lui saute dessus et lui fiche un coup :
« Tiens, ça t'apprendra à rayer mon vélo. »
Puis il s'en va. Les copains aident le blessé à se relever, l'un d'eux lui dit :
« Dis donc, il t'a bien eu !
– Tu parles, c'est moi qui l'ai eu ! En fait, je m'appelle Toto ! »

La maîtresse interroge Toto :
« Dis-moi Toto, combien font trois plaquettes de chocolat à 2 € chacune ?
– Avec moi, pas plus d'une semaine ! »

Toto demande à un camarade :
« Comment s'appelle la femelle du hamster ?
– Amsterdam. »

Toto va faire ses devoirs chez sa copine Justine. En arrivant dans le jardin, il remarque des pancartes “Attention au chien”. Il lui demande alors :
« Dis donc, pourquoi ces panneaux ? Ton chien est tout petit et pas bien méchant !
– Justement ! C'est pour qu'on fasse attention à ne pas l'écraser ! »

Toto observe des déménageurs. L'un d'eux porte en soufflant une énorme horloge.
« Il ne pourrait pas porter une montre, comme tout le monde ? » se demande Toto, perplexe.

« Toto, veux-tu bien mettre à l'impératif cette phrase : “Le cheval tire la charrette.” »
Et Toto de répondre :
« Hue ! »

Toto a de mauvaises notes à l'école. Son père, en colère, lui dit :
« À ton âge, Napoléon était toujours premier.
– Oui, mais au tien, il était déjà empereur ! »

Toto entre dans une charcuterie :
« Bonjour, avez-vous des pieds de porc ?
– Oui, bien entendu !
– Et ça ne vous gêne pas pour marcher ? »

Toto demande l'heure à son père :
« Dans dix minutes, il sera midi pile, Toto !
– Mais, je veux connaître l'heure actuelle, pas celle dans dix minutes ! »

Toto aperçoit un père Noël dans un supermarché. Il s'approche et lui envoie un coup de pied dans les fesses en grognant :
« Tiens ! C'est pour l'année dernière ! »

Dans la cour de récré, Bastien frime auprès de ses camarades :
« Les gars, ceux qui sont intelligents posent toujours des questions, alors que les imbéciles, eux, ne doutent jamais de rien !
– Euh... t'es sûr de ça ? demande Toto.
– Absolument certain ! »

Toto demande à un ami :
« Quelle est la différence entre une poubelle et une casserole ?
– Je ne sais pas.
– Eh bien, je n'irai pas déjeuner chez toi ! »

Toto va avec son père acheter une chemise. Ils entrent dans un magasin qui s'appelle : « Aux 100 000 chemises ».
Le papa fait son choix, ils ressortent avec une belle chemise. Avant de partir, Toto lance au vendeur :
« Eh bien, maintenant, vous allez pouvoir changer le nom de votre magasin : "Aux 99 999 chemises" ! »

Toto se confie à son copain Julien, tout en frottant une grosse bosse sur son front :
« Sais-tu ce qui est le plus dur quand on apprend à patiner ?
– Euh... non.
– C'est la glace ! »

La mère de Toto reçoit son amie Stéphanie qui vient de se marier. Elle explique à son fils :
« Tu sais Toto, maintenant, il faut appeler Stéphanie "Madame", car elle est mariée !
– Ah bon ? s'interroge Toto. Avant, elle était un monsieur ? »

Quelle est la ressemblance entre Toto et le facteur ?

Les deux ont beaucoup d'adresse !

La grande sœur de Toto dit à son frère :
« Tu sais pourquoi je suis plus grande que toi ?
– Bah, parce que tu es plus âgée.
– Non ! Comme je suis plus propre que toi, je suis arrosée plus souvent. »

Pendant une interrogation au tableau en classe :
« Toto, peux-tu me dire ce qui provoque la transpiration chez l'homme ?
– Euh, vos questions, madame ! »

Comment fait Toto pour descendre d'un arbre ?

Il se met sur une feuille et attend l'automne...

HAHAHA !

HAHAHA !

Pendant un cours de physique, le maître demande à Toto :
« Peux-tu me dire pourquoi ça siffle lorsqu'on fait bouillir de l'eau ?
– Oui, monsieur ! C'est les microbes qui hurlent avant d'être cuits ! »

Toto consulte une voyante à la fête foraine :
« C'est combien la consultation ?
– 200 euros les trois questions.
– Ce n'est pas un peu cher ?
– Si tu le dis... Quelle est ta troisième question ? »

« Maman, maman, je veux un canon !
– Mais enfin, Toto, c'est absurde !
– S'il te plaîîît, je veux un canooon !
– Ah, tu m'embêtes à la fin, dis donc !
Et puis, qui c'est qui commande, ici ?
– Toi… Mais si j'avais un canon… »

Mon premier fait « hi-han ».
Mon deuxième vient après l'automne.
Mon troisième brame dans la forêt.
Mon tout est le moment préféré de Toto.

Anniversaire (âne-hiver-cerf)

Venez les enfants, je vais vous poser des questions et celui qui répond correctement aura ce jouet.
Qui est le plus obéissant ? Qui n'a jamais été insolent avec maman, qui fait tout ce qu'elle demande ?
Bon, on a compris, tu peux garder le jouet, papa.

« Toto, va te brosser les dents, allez, hop ! Elles ne sont pas propres ! lui intime sa maman.
– Ah mais, si ta cuisine était moins salissante, ça n'arriverait pas, maman ! »

Toto revient de chez le dentiste. Sa maman lui demande :
« Ta dent te fait toujours mal ?
– Ben, je ne sais pas, elle est restée chez le dentiste... »

La maîtresse demande à la classe :
« Que s'est-il passé en 1111 ?
– L'invasion des Huns, m'dame ! » répond Toto.

Toto discute avec Julien avant d'entrer en classe :
« L'autre jour, j'ai entendu à la télé qu'à chaque fois que je respirais, un homme mourait sur terre, annonce gravement Julien.
– Ça ne m'étonne pas, répond Toto, depuis le temps que je te dis de changer de dentifrice. »

Sur la route des vacances, Toto taquine sa petite sœur. Sa maman s'énerve : « Toto, arrête d'embêter ta sœur, sinon je vais te punir ! – M'en fiche, y'a pas de coin dans la voiture ! »

« Toto, arrête de hurler sur ta petite sœur !
– Mais ça peut pas être moi, maman !
À l'école, le maître m'a dit que j'étais muet... »

Que fait Toto quand il tombe à l'eau ?

Plouf !

Toto interroge un copain de classe :
« Tu sais pourquoi les fleuves débordent et pas la mer ?
– Parce que dans la mer, il y a des éponges... »

« Maman, maman, à l'école j'ai eu un œuf ! crie Toto.
– C'est très bien mon chéri, en quelle matière ?
– En chocolat ! »

Mon premier est entre « la » et « do ».
Mon deuxième est au milieu du visage.
Mon troisième soutient la voile des bateaux.
Toto aime bien aller dans mon tout avec sa famille.

Cinéma (si-nez-mât)

Toto discute avec sa copine Justine :
« Tu ne m'avais pas dit que tu avais eu trois chatons ! Ils vont comment ?
– Oh, le premier est toujours dehors, le deuxième est malade, le troisième ne sort jamais de son panier…
– Je t'arrête tout de suite, je suis nul en charades ! »

Toto et sa petite sœur sont dans la rue et discutent :
« Mince, le pneu de la voiture de papa a crevé…
– Entièrement ?
– Non, simplement le bas, ne t'inquiète pas. »

Toto rentre de l'école avec une mauvaise note. Sa mère l'interroge :
« Mais tu étais loin des bonnes réponses ?
– Oui, au moins à trois rangées ! »

Le père de Toto se dore sur la plage au soleil. Voyant qu'il commence à s'endormir, Toto lui demande :
« Quand dois-je te réveiller : bien cuit, saignant ou à point ? »

Après les cours, la maîtresse de Toto lui demande de rester et veut prendre rendez-vous avec sa mère mais Toto refuse.
« Pourquoi tu ne veux pas, Toto ?
– Mon papa dit qu'il ne faut rien dire à maman quand on va voir sa maîtresse. »

HOHOHO !

Toto demande à sa mère :
« Pourquoi la nuit n'a qu'un œil ?
– Pourquoi dis-tu ça ?
– Parce que papa dit qu'il n'a pas fermé l'œil de la nuit. »

Alex demande à Toto :
« Pourquoi tu n'es pas venu à ma fête hier ? Je t'avais envoyé un carton d'invitation !
– Il y avait marqué de 5 à 7, et moi j'ai 10 ans ! »

À la fin du match de foot, le capitaine de l'équipe demande à Toto, qui jouait au poste de goal :
« Pourquoi n'as-tu pas arrêté le ballon ?
– Ben, les filets ils servent à quoi alors ? »

À la boulangerie :
« Bonjour, madame, vous avez des sandwichs de dinosaure ?
– Désolée, Toto, nous ne pouvons pas t'en faire, nous n'avons plus de baguettes. »

Toto dessine des drapeaux avec ses feutres.
« Et le bleu-blanc-rouge, c'est quel pays ? demande sa maman.
– Le foot ! » répond joyeusement Toto.

En classe, la maîtresse interroge Toto :
« Toto, de quel temps s'agit-il quand je dis "il fait beau" ?
– D'un temps pour aller à la plage, madame. »

Toto demande à un camarade :
« Qu'est-ce qui est vert et qui se déplace sous l'eau ?
– Un chou marin. »

AHAHAH !

Mon premier est un animal domestique.
Mon deuxième vit dans les égouts.
Mon troisième vient après le 1.
Toto aime bien faire deviner mon tout à ses copains.

Charades (chat-rat-2)

Pourquoi Toto n'a pas d'ordinateur ?

Parce qu'il a peur des souris.

La mère de Toto a besoin d'aide sur la table à langer.
« Toto, peux-tu m'aider à changer ta sœur ?
– Quoi ? Tu es déjà fatiguée de ce bébé-là ? »

Au zoo, le gardien prévient Toto :
« Ne t'approche pas de la cage du lion !
– Oh ça va, je ne vais pas le manger... »

Toto va dans un magasin et demande au vendeur un portefeuille imperméable. Le vendeur est étonné.
« Pourquoi donc ?
– Pour y mettre de l'argent liquide ! »

hohoho !

En cours :
« Toto, peux-tu me dire pourquoi les champignons ont la forme d'un parapluie ?
– Parce qu'ils ne poussent que dans les endroits humides, m'dame ! »

À la campagne, Toto essaie d'impressionner sa copine Justine :
« Pour attraper les lapins, c'est facile, tu sais ! Il suffit de se cacher et d'imiter le cri de la carotte ! »

hihihi !

La maîtresse demande :
« Comment Charles de Gaulle a-t-il été enterré ?
– Avec la pelle du 18 juin ! »

Toto se réveille et allume la lumière. Sa petite sœur lui demande :
« Pourquoi tu allumes ?
– Pour voir si c'était bien éteint. »

Toto entre dans une pharmacie :
« Avez-vous des lunettes ?
– Pour le soleil ?
– Non, non ! Pour moi ! »

La maman de Toto n'est pas contente.
« Regarde, le lait a débordé. Je t'avais pourtant demandé de regarder ta montre.
– Mais je l'ai fait, il était exactement 8 h 10 quand le lait a débordé ! »

À la boulangerie, Toto est chargé de rapporter deux baguettes de pain.
« Ça fera deux euros, Toto », dit la boulangère.
Toto pose alors un seau plein d'eau sur le comptoir.
« Mais Toto, tu ne peux pas payer avec un seau d'eau ! s'exclame la boulangère.
– Ah bon ? Parce que maman m'a demandé de payer en liquide ! »

Toto est à table.
« J'ai avalé un noyau de cerise ! s'exclame-t-il.
– Ben pour une fois, lui dit son papa, tu sauras où tu as rangé tes affaires... »

« Eh, Toto ! Tu connais l'histoire de la poule qui a avalé un élastique ?
– Euh... non !
– Elle a pondu le même œuf cinq fois ! »

Toto discute avec son ami :
« Cette année, Noël tombe un vendredi.
– J'espère que ce sera pas un vendredi 13. »

La maîtresse fait étudier les cinq sens à ses élèves.
« Avec quoi entend-on ? questionne-t-elle.
– Avec les oreilles, répondent les enfants en chœur.
– Bien. Avec quoi voit-on ?
– Avec les yeux.
– Très bien. Avec quoi goûte-t-on ? »
Silence général. Enfin, Toto lève le doigt :
« Avec du pain et du chocolat ? »

La maîtresse dit a Toto :
« Toto, où est mort Napoléon ?
– Page 38 du livre d'histoire ! »

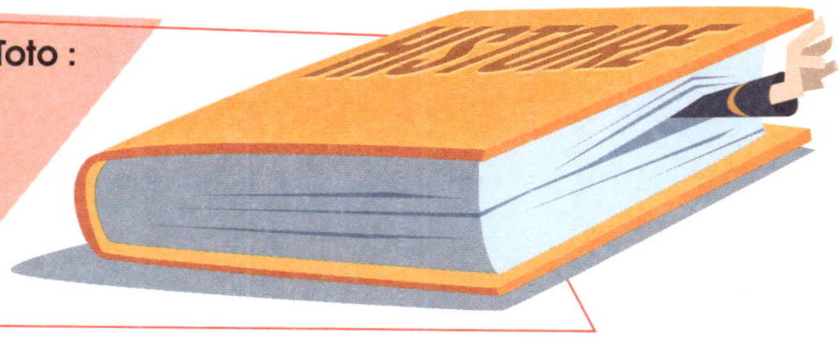

La petite sœur de Toto demande à Toto :
« Comment les moutons font pour dormir ?
– Pour s'endormir, un mouton ne peut compter que sur lui-même. »

Julien, Thomas et Toto jouent à cache-cache. Ils décident de se cacher dans trois sacs de patates qui traînaient par là. Alexandre, celui qui doit les trouver, se doute de quelque chose. Il s'avance vers le premier sac et met un coup de pied dedans. Julien fait :
« Miaou, miaou... »
Puis Alexandre s'avance vers le deuxième sac et le frappe. Thomas fait :
« Ouaf, ouaf... »
Enfin, il s'approche du troisième sac et lui donne un grand coup.
Toto réfléchit et dit :
« Patate, patate... »

« Maman, je sais que c'est un dinosaure qui a inventé le vélo !
- Mais qu'est-ce que tu racontes, Toto ?
- Bah si, c'est le vélociraptor ! »

HOHOHO !

Toto demande à sa mère :
« Maman, tu dis que nos voisins sont du Midi.
Mais nous, on est du matin ou du soir ? »

Toto se vante auprès de son copain Julien :
« Tu sais une fois, j'ai réussi à arrêter
un train d'une seule main !
– N'importe quoi…
– Mais si ! J'ai tiré le signal d'alarme ! »

Comment Toto fait-il rire sa grande sœur le lundi matin ?

En lui racontant une blague le vendredi soir !

Toto demande à son père :
« Papa, tu es capable d'écrire dans le noir ?
– Oui, bien sûr.
– Tu es aussi capable de signer mon carnet ? »

HOHOHO !

La maîtresse dit à Toto :
« C'est la cinquième fois cette semaine que je te colle ! As-tu quelque chose à dire ?
– Ah oui, je suis content qu'on soit vendredi… »

On sonne à la porte d'entrée.
Toto va ouvrir et se trouve devant un homme qui lui demande :
« Ta maman est là ?
– Je vais voir, monsieur. »
Toto se précipite à l'intérieur de l'appartement, puis revient en disant :
« Maman m'a dit de vous dire qu'elle n'était pas là.
– Parfait, répond l'homme. Tu lui diras que je ne suis pas venu. »

Le professeur demande à Toto de citer deux noms de philosophes.
Son voisin lui souffle à voix basse deux noms : Descartes et Pascal.
« Des cartes postales, monsieur ! » dit Toto tout fier d'avoir la réponse.

Toto et Julien se racontent des blagues au lieu d'écouter la maîtresse pendant la classe :
« Eh, Toto, tu connais l'histoire de la chaise ?
– Oui, elle est pliante, hi hi hi ! »

Toto étudie les nombres négatifs à l'école. Le soir, il demande à son père de lui expliquer, parce qu'il n'a pas tout compris.
« Bon, écoute Toto. Imagine quatre personnes dans un autobus. Si à l'arrêt suivant, huit personnes descendent, alors il faut qu'il y en ait quatre autres qui montent pour qu'il n'y ait plus personne dans le bus… »

Toto est à la plage avec ses parents.
« Toto, viens te baigner ! l'entraîne sa maman.
– Ah non, j'ai pas envie de fondre, moi !
– Comment ça ?
– Tu vois le monsieur, là-bas ? Il est entré dans l'eau tout à l'heure. Maintenant, il n'y a plus que sa tête qui dépasse ! »

1, 2, 3, 4, 5…
425, 426, 427, 428…
695, 696, 697, 698, 699…
795, 796, 797, 798, 799…
995, 996, 997, 998, 999…
Au secours, il y a un mille-pattes dans les toilettes !

« Je suis trop fatigué pour faire mes exercices de calcul, dit Toto à sa mère.
– C'est ridicule, le travail n'a jamais tué personne.
– Eh bien, pas question de risquer d'être le premier ! »

Séchant devant un problème de calcul, Toto montre cet énoncé à son père : « Combien faudrait-il de pièces de deux euros pour constituer la somme d'un million sept cent quatre-vingt-neuf mille euros ?
– Si la somme totale avait été écrite en chiffres, répond le père, je t'aurais dit qu'il suffisait de la diviser par deux. Mais comme c'est écrit en lettres, j'avoue que je ne sais pas… »

Toto est assis au parc et prend un énorme goûter : trois pains au chocolat, des bonbons et finit par un chewing-gum. Un vieil homme à côté de lui lui dit :
« Tu sais que si tu manges autant, tu deviendras obèse, tu auras plein de boutons et tu seras malade ?
– Je fais comme mon grand-père qui a cent ans et qui est toujours vivant !
– Il mange autant de bonbons ? Mais comment fait-il pour être toujours en vie ?
– Il s'occupe de ses affaires ! »

En se baladant en forêt, Toto ramasse une bogue de châtaigne :
« Oh, c'est incroyable, je ne savais pas que les hérissons pondaient des œufs ! »

La maîtresse fait remarquer à Toto :
« C'est très curieux, mais, sur ce devoir de maths, il me semble reconnaître l'écriture de ton père…
– Ça, fait Toto, ce n'est pas étonnant. Je me suis servi de son stylo. »

HAHAHA !

Toto, qui rentre de l'école, dit à son père :
« La maîtresse a lu ta lettre où tu protestais parce qu'elle m'avait donné cent lignes à faire.
– Et qu'est-ce qu'elle a dit ?
– Que tu copies deux cents fois, pour demain, le mot "salutations", en l'écrivant avec un t et pas avec deux s ! »

Mon premier sert à lancer des flèches.
Mon deuxième compte 365 jours.
Mon troisième est au-dessus de ta tête.
Toto fait un vœu quand il voit mon tout.

Arc-en-ciel (arc-an-ciel)

Toto et sa petite sœur vont à la mer pour la première fois. À marée haute, ils remplissent une bouteille d'eau comme souvenir.
Ils reviennent plus tard dans l'après-midi…
Mais la mer est à marée basse.
« Ben dis donc, constate Toto avec sa sœur, on n'est pas les seuls à avoir pris de l'eau, t'as vu ? »

C'est la maman de Toto qui dit à son mari :
« Toto se plaint d'avoir mal à la tête. Je pense qu'il vaudrait mieux appeler le médecin.
– Oh, laisse tomber, il nous fait le coup au moins une fois par semaine.
– Oui, mais aujourd'hui, c'est la première fois qu'il le fait alors qu'il n'a pas à aller à l'école ! »

Toto demande à un camarade :
« Tu connais l'histoire du lit vertical ?
– C'est une histoire à dormir debout… »

Manu rencontre Toto :
« Eh, Toto ! Tu sais ce que disent les parents quand on ramène un bon bulletin de notes ?
– Non !
– Ben eux, non plus… »

Mon premier est Eiffel ou de Pise.
Mon deuxième peut-être marin ou de cravate.
Mon troisième n'est pas le plafond.
Toto a offert mon tout à sa maman pour son anniversaire.

Tournesol (tour-nœud-sol)

Théo le costaud frime dans la cour de récré :
« Eh, les filles ! Je peux enchaîner cinquante saltos arrière et cinquante saltos avant !
– C'est trop bête, lance Toto en riant, tu finiras au point de départ… »

La maman de Toto demande à la maîtresse comment celui-ci se comporte en classe. La maîtresse lui dit :
« Votre fils est très intelligent mais il perd beaucoup de temps à bavarder avec les filles.
– Si vous trouvez un moyen de le corriger, dites-le-moi. J'ai le même problème avec son père. »

« Si une bonne fée te proposait de t'accorder la réalisation d'un de tes vœux, dit Julien à Toto, que lui demanderais-tu ?
– Que Budapest devienne la capitale de la Roumanie.
– C'est idiot comme vœu.
– Peut-être. Mais ça me permettrait d'avoir la moyenne à la dernière interrogation de géographie. »

Toto demande à sa maman :
« Maman, maman, est-ce que je pourrais avoir un chien à Noël ?
– Non, tu auras de la dinde comme tout le monde, en plus tu en as déjà mangé hier ! »

L'institutrice est indignée :
« Mais, Toto, tu copies ton problème sur ton voisin ?
– Non, m'dame, je ne copie que la solution ! »

Mon premier laisse une trace dans la neige.
Mon deuxième est un rongeur.
Mon troisième tombe du ciel en gouttelettes.
Toto adore ouvrir mon tout dans la maison !

Parapluie (pas-rat-pluie)

Toto discute avec sa meilleure amie :
« Comment écris-tu "père Noël" ? Avec un ou deux L ?
- Avec deux L, Toto, sinon il ne pourrait pas voler. »

Totalement désemparé, Toto aborde un agent de police.
« M'sieur, pouvez-vous m'aider ? Mon animal de compagnie a disparu !
– Bien sûr, mon garçon, à quoi ressemblait-il ?
– C'est un ornithorynque albinos boiteux portant un nœud rose...
– Ah, il faut être plus précis, Toto. Le nœud, il est rose bonbon ou rose fuchsia ? »

Toto dit à sa mère :
« J'aimerais bien aller sur la Lune.
– Ah, c'est nouveau ? Eh bien, moi aussi, j'aimerais bien que tu y ailles.
J'aimerais même que tu y restes ! »

Toto va voir sa maman :
« J'ai deux nouvelles à t'annoncer.
– Commence par la bonne, Toto.
– Non, c'est deux mauvaises. »

La maîtresse interroge Toto :
« Cite-moi le nom d'un port étranger.
– Euh... le cochon d'Inde ? »

La maman de Toto interroge ce dernier :
« Dis-moi, Toto, que rêverais-tu d'avoir ?
– Un hélicoptère télécommandé, un gros ours en peluche, la base secrète de Biscottos-Man...
– Allons, Toto, l'arrête sa mère en riant, tu as déjà tout ça !
– Ah ? C'est vrai... Alors j'aimerais avoir davantage de mémoire... »

Toto rentre chez lui, son pantalon tout déchiré.
« Maman... Je suis tombé de vélo...
– Quoi ? Avec ton pantalon tout neuf ?
– Euh oui, c'est que je n'ai pas eu le temps de l'enlever ! »

Toto demande a son copain Milo :
« Tu connais la différence entre un footballeur et une montre ?
– Non ?
– Le footballeur a sa tactique et la montre a son tic-tac ! »

Toto se vante auprès de son copain Julien :
« Moi, je fais du judo contre des éléphants !
– Ça ne doit pas être facile... répond Julien.
– Bah, ça va, je les envoie en l'air avec une pichenette !
– Ça ne doit pas être simple, ça non plus !
– Oui c'est vrai... On a toujours du mal à trouver un kimono à leur taille ! »

L'institutrice demande aux élèves :
« Dans la phrase suivante : "Le malade est mort des suites de son infection", où se trouve le sujet ?
– Au cimetière, madame ! » répond Toto.

Toto se rend chez le médecin avec sa maman.
« Docteur, mon Toto a un problème aux yeux, il voit des bonbons partout !
– Hum, essaie donc ces lunettes, mon garçon, dit le médecin en chaussant des lunettes à Toto.
– Ah, merci docteur ! s'écrie Toto, maintenant, les bonbons sont beaucoup plus nets ! »

En vacances à la ferme de ses grands-parents, Toto est chargé d'aller nourrir les bêtes.
« Salut les amis ! s'écrie joyeusement Toto.
– Hi-han !
– Et voilà, chaque fois que j'engage la conversation, je me retrouve face à un âne... »

Toto achète une paire de lacets.
Le vendeur lui demande :
« Et avec ça ?
- Bah, avec ça, je vais attacher mes chaussures ! »

Toto achète de nouveaux vêtements avec son papa.
« Allons, Toto, on ne va pas y passer la journée.
Il est très bien, ce pantalon ! Qu'est-ce que tu lui reproches ?
– Il me serre un peu sous les bras… »

Au musée, le gardien gronde Toto qui a encore fait des bêtises :
« Tu as cassé une statue antique vieille de deux mille cinq cents ans !
– Vous avez de la chance alors… elle aurait pu être toute neuve ! »

Toto fait du camping avec les copains. Au coucher, sous la tente, son voisin s'étonne :
« C'est curieux, j'ai l'impression que mon pied gauche sent plus mauvais que le droit…
– C'est juste ta narine droite qui est bouchée », répond Toto en se pinçant le nez.

Toto dit à Léo :
« Tu sais que la télé entraîne la violence ?
– Ah bon, pourquoi ?
– Parce qu'à chaque fois que je l'allume, mon père me hurle dessus ! »

Mon premier laisse des traces dans la neige.
Mon deuxième est à toi.
Mon troisième est un dessert à base de pâte et peut être aux fraises, aux pommes…
Mon quatrième est la neuvième lettre de l'alphabet.
Mon cinquième est au milieu du visage.
Toto raffole de mon tout au petit déjeuner !

Pâte à tartiner (pas-ta-tarte-i-nez)

Toto interroge son père :
« Papa, tu as déjà mangé du singe ?
– Bien sûr, Toto ! rigole son père.
– Ah bon ? Et quel goût ça a ?
– Ça ressemble à du mouton, du veau, de la dinde, du bœuf…
– Tout ça ?
– Eh oui ! Le singe, ça imite tout, Toto ! »

Le maître interroge Toto :
« Quand une voiture prend un virage, quelle roue tourne le moins vite ?
– Euh… la roue de secours ? »

Cours de sciences naturelles en classe :
« Toto, peux-tu me dire combien d'espèces de poissons il existe ?
– Euh… Trois, m'dame ! Les petits, les moyens et les gros ! »

Toto accompagne son papa chez le garagiste. Celui-ci demande quel est le problème de leur voiture :
« C'est facile, intervient Toto, toutes les pièces font du bruit, sauf le klaxon ! »

Après avoir vu un documentaire sur les oiseaux, Toto demande à son père dans l'espoir de s'instruire :
« Papa, c'est quoi, un rapace ?
– C'est un oiseau qui passe et qui rapace ! »

La maîtresse demande en classe :
« Quels sont les deux animaux les plus intelligents ? »
Toto lève la main et dit :
« Le cerf et le veau (le cerveau), madame ! »

Chez le dentiste, la maman de Toto supplie son fils :
« Sois sage, mon chéri s'il te plaît, et fais “Aaah”, que le docteur puisse enlever ses doigts… »

DOCTEUR
Bonjour, comment t'appelles-tu ?
Toto.
Très bien, Toto. Tu peux me donner ta date de naissance, s'il te plaît ?
Le 15 juillet.
Quelle année ?
Chaque année !

Toto est chargé par sa maman de vider le lave-vaisselle. Il se met à l'ouvrage lorsque son copain Julien arrive dans la cuisine et aperçoit Toto en train de ranger la vaisselle... avec des gants de boxe !
« Ah, Toto, tu aimes vraiment te compliquer la vie ! Je me demande comment tu fais tes devoirs, tiens !
– Bah, comme tout le monde, répond Toto naturellement, debout dans un hamac ! »

Toto est au cirque avec son papa. Celui-ci demande alors :
« Dis, Toto, tu sais ce que ça sent, un pet de clown ?
– Euh, non ?
– Ça sent drôle ! »

Mon premier n'est pas la mort.
Mon deuxième est à toi.
Mon troisième est à l'intérieur du pain.
Mon quatrième peut être marin, papillon ou de cravate.
Toto n'a pas besoin de mon tout !

Vitamines (vie-ta-mie-nœud)

À la cantine, Toto se plaint :
« Madame, l'eau de cette carafe est toute trouble ! C'est dégoûtant !
– Mais non, Toto, soupire la dame de service, l'eau est limpide. C'est la carafe qui est sale ! »

HAHAHA !

Devant toute sa famille réunie dans le salon, Toto donne un concert avec sa guitare toute neuve.
« Mais Toto, pourquoi fermes-tu les yeux quand tu joues ? demande son père.
– Eh bien... C'est pour ne pas voir vos têtes qui souffrent... »

Avant de partir en voiture, le papa de Toto demande à son fils de vérifier le bon fonctionnement des clignotants.
« Vas-y papa ! Alors : ça marche, ça marche pas, ça marche, ça marche pas... »

HOHOHO !

La maman de Toto consulte le vieil album familial :
« Oh, ça alors, l'arrière-arrière-arrière-grand-oncle Marcel est mort le jour de son anniversaire ! s'étonne-t-elle.
– Et alors, maman ? Moi, je suis bien né le jour de mon anniversaire ! » répond Toto.

Toto, Julien et Justine discutent dans la cour de récré :
« Eh, vous connaissez le coup du lapin ? demande Julien.
– Oui, oui, répondent les deux autres...
– Et le coup de la girafe ?
– Ah non, celui-là je ne le connais pas ! dit Justine.
– Bah, je parie que c'est un coup monté », répond Toto.

Toto entre dans un bureau de poste :
« Bonjour monsieur, je voudrais un timbre à un euro.
– Voilà jeune homme, répond l'employé.
– Merci ! Euh, je vous dois combien ? »

Toto entre dans une papeterie et crie très fort :
« Bonjour ! Je voudrais un stylo plume, s'il vous plaît !
– Pas si fort ! Je ne suis pas sourd, répond le vendeur.
À grands ou à petits carreaux ? »

Le papa de Toto demande au serveur, en consultant la carte :
« Que me recommandez-vous, s'il vous plaît ?
– Un autre restaurant ! »

Qu'est-ce qu'on fait là-dedans ?
On taille les barbes et les moustaches.
Qu'est-ce qu'on fait là-dedans ?
On lave ses affaires quand on n'a pas de lave-linge.
LAVERIE
Qu'est-ce qu'on fait là-dedans ?
On rend la justice !
PALAIS DE JUSTICE
Ah ? Pourquoi ? C'est toi qui l'as volée ?
PALAIS DE JUSTICE

Toto regarde en famille un documentaire sur les éléphants. Il se pose plein de questions :
« Dites, pourquoi les éléphants sont si ridés ?
– Sûrement parce que personne n'a jamais réussi à les repasser », répond son père.

Toto rentre de l'école avec le genou tout écorché.
« Mon pauvre, lui dit sa maman, tu as dû pleurer.
– Ce n'était pas la peine maman, il n'y avait personne. »

Toto va pour la première fois à l'école. Au retour, sa mère lui demande comment ça s'est passé. Toto lui répond :
« Pas mal, mais qu'est-ce qu'on perd de temps entre les récréations ! »

Toto escalade une montagne avec son père :
« Papa, je peux te dire quelque chose ?
– Quand on sera en haut. »
Dix minutes plus tard :
« Je peux te le dire maintenant ?
– Tout à l'heure. »
Une heure plus tard, le père se tourne vers Toto :
« Voilà, on y est, que voulais-tu me dire ?
– J'ai oublié mon sac en bas... »

hihihi !

La maîtresse demande à Toto :
« Que détestes-tu le plus dans la vie ?
– Les questions, maîtresse, les questions… »

Toto demande à son père de l'aider pour sa leçon de calcul :
« Voyons, Toto, tu achètes 2 crayons pour 4 euros. Comment fais-tu pour connaître le prix d'un crayon ?
– Ben, je regarde le ticket de caisse ! »

Cours de français en classe :
« Toto, quel est le pluriel d'un train ?
– Euh, des rails m'dame ! Parce qu'on dit un train déraille… »

Toto entre chez un marchand d'antiquités, et lui lance avant de s'enfuir en riant :
« Alors, quoi de neuf ? »

Papa, j'ai un truc super important à te dire !
Oui, Toto. Je t'écoute.
Tu sais papa, je suis le premier de la classe !
Avec les notes que tu as ?
Oui, tous les matins, j'arrive 10 minutes avant tout le monde !

Toto et son grand-père vont au cirque.
« Regarde, pépé, il jongle carrément avec des chevaux !
– Peuh ! bougonne le grand-père… Des balles de jonglage seraient moins coûteuses à nourrir ! »

La maman de Toto demande à son fils :
« Cela fait combien de temps que ta sœur est au téléphone ?
– Hum… pour l'instant, ça fait deux paquets de biscuits, une banane, un cake et trois sodas ! »

Le petit Toto va demander de l'argent de poche à sa grand-mère qui est très avare. En grognant, elle lui donne 50 centimes.
« Qu'est-ce qu'on dit ?
– Encore ! »

HAHAHA !

Toto est en vacances chez son pépé au bord de la mer.
« Dis-moi Toto, demande son grand-père, sais-tu quel est le meilleur endroit pour pêcher la sardine ?
– Facile pépé, sur une mer d'huile ! »

À l'école, c'est la semaine du goût. La maîtresse demande :
« Qu'est-ce que le sucre ?
– C'est ce qui donne un goût amer au café quand on l'oublie ! » répond Toto.

On est en plein mois d'août et le soleil frappe très fort sur la route. Toto rentre chez lui avec son chien, son sac au dos. Il a très chaud :
« Eh bien ! Je crois que j'ai jamais eu aussi chaud de ma vie !
– Moi aussi, dit le chien.
– Hein, s'étonne Toto. C'est la première fois que j'entends parler un chien !
– Et moi aussi, dit le sac à dos... »

Toto se rend à la Poste.
La guichetière lui fait remarquer :
« Cette lettre est trop lourde, il faut ajouter un timbre à cinquante centimes !
– Ben oui, mais si j'ajoute un timbre, elle sera encore plus lourde », répond Toto.

Julien demande à Toto :
« Tu crois qu'il y a des gens qui habitent sur la Lune ?
– Bien sûr, ils allument la lumière tous les soirs ! »

Pourquoi Toto dit-il de son papa qu'il est un gros nounours ?

Parce qu'il l'aime de peluche en peluche !

Toto et Julien discutent :
« Depuis que mes parents m'ont offert un tambour, mon argent de poche a triplé !
– Ah bon ? Tu fais des concerts et tes parents te paient ? demande Julien.
– Non, non, ils me paient pour que je ne joue pas ! »

Toto regarde sa maman en train de talquer les fesses de sa petite sœur :
« C'est fou, jamais je n'aurais cru qu'on faisait les gâteaux comme ça ! »

La maîtresse s'adresse à Toto :
« Peux-tu me citer un mammifère qui n'a pas de dents ?
– Euh... ma grand-mère ? »

Toto voit pour la première fois un paon qui fait la roue.
Il s'écrie :
« Maman, maman, viens voir, il y a une poule qui fleurit ! »

Toto trouve un billet de dix euros par terre. Sa copine Justine lui demande :
« La chance ! Tu vas en faire quoi, de ce billet ?
– Je vais m'acheter... un portefeuille !
– Mais tu y mettras quoi, dedans ?
– Ben... mon billet ! »

Toto demande à son copain :
« Comment appelle-t-on un boomerang qui ne revient pas ?
– Un cintre. »

« Dis, papi, tu sais qu'être chauve comme toi, c'est une bonne maladie ?
– Pourquoi tu dis ça, Toto ?
– Parce qu'au moins il n'y a pas de rechute à craindre ! »

L'instituteur demande à Toto :
« Qu'est-ce qu'une autobiographie ?
– L'histoire de la vie d'une voiture, monsieur ! »

« Alors comme ça, Toto, tu parles en dormant ?
– Oui, je parle en dormant !
– Ce n'est pas trop grave, j'espère…
– Si c'est grave ! Ça réveille mes camarades pendant la classe ! »

Toto se plaint à ses copains d'école :
« Quel radin, ce père Noël ! Au lieu des cadeaux, il a déposé sous le sapin la boîte de chocolats que mes parents cachaient dans leur armoire ! »

HAHAHA !

Les parents de Toto discutent du nouveau bébé qui vient d'arriver :
« La maison est devenue trop petite pour quatre personnes, nous devons déménager. »
Toto écoute sans rien dire, et puis finalement se lance :
« De toute façon, ça sert à rien de déménager, il va nous suivre ! »

Toto discute avec un camarade dans la cour de récré.
« Tu sais ce qu'est un filet ?
– Non.
– T'es nul ! C'est des trous attachés avec une ficelle. »

Toto demande à sa maman d'aller chez le médecin.
« Pourquoi ? lui demande sa maman.
– Parce que la maîtresse m'a dit de soigner mon écriture ! »

Toto discute avec son ami :
« Tu sais, j'ai appris qu'il fallait trois moutons pour faire un pull.
– Ah bon ? Ils savent tricoter ? »

La maîtresse demande à Toto quel est le plus long mot en français.
« Élastique, madame, car il s'étire... »

Toto dit à la maîtresse :
« Ma mère ne croit plus aux mathématiques.
– Ah oui, comment ça ?
– Elle ne comprend pas comment elle a pu prendre 5 kilos en mangeant une boîte de chocolats de 2 kilos ! »

La mamie de Toto dit à son petit-fils :
« Comme tu es chou ! Tu as les yeux de ton père, le sourire de ta mère, les cheveux de ton oncle...
– Oui, mamie... et même les vieilles baskets de mon grand frère ! »

Toto vient rapporter à la maîtresse :
« Madame, madame, y'a Julien qui fait rien qu'à me fiche des coups de pied aux fesses !
– Écoute, Toto, c'est très vilain de rapporter ! Et puis d'abord, je ne réponds qu'aux petits garçons bien élevés...
– Madame, madame, y'a Julien qui fait rien qu'à me fiche des coups de pied aux fesses, s'il vous plaît ! »

Le facteur remet une lettre à Toto :
« Voilà, mon petit. Une lettre arrivée par avion.
– Menteur ! Je t'ai vu arriver sur ton vélo ! »

À l'école, la maîtresse de Toto lui demande :
« Toto, si tu as 5 euros et que ta maman t'en donne 5 autres, combien auras-tu d'argent en tout ?
– Ben... 5 euros.
– Non ! Tu ne connais pas tes tables de multiplication ?
– Si je les connais, mais je connais aussi ma maman... »

« Dis, Toto, tu sais comment on appelle un mouton sans pattes ? demande sa petite sœur.
– Non, c'est quoi ?
– Un nuage ! »

Toto envoie un texto à sa copine Justine. Intrigué, son père regarde par-dessus son épaule. Il lit ces mots sur le téléphone de Toto :
« Badoum ! Badoum ! Badoum ! Badoum ! Badoum ! Badoum ! Badoum ! »
Son père lui demande alors :
« Tu ne lui envoies pas un autre “Badoum” ?
– Ah, non, papa ! Ça ne ferait pas sérieux ! »

Mon premier n'est pas mauvais.
Mon second n'est pas mauvais.
Toto ferait tout pour obtenir mon tout !

Bonbon (bon-bon)

hihihi !

La maman demande à Toto :
« Pourquoi as-tu de si mauvaises notes ?
– Parce que ce n'est pas moi qui les mets tiens ! »

Toto est en vacances à la ferme chez l'oncle Gustave. Il voit une truie couchée sur le flanc, allaitant ses dix petits.
« Alors, Toto, tu as vu comme cette truie-là est grosse ?
– Pour sûr, oncle Gustave, c'est normal, ils sont tous en train de souffler dedans pour la gonfler ! »

Lors du cours d'anglais, la maîtresse demande aux élèves d'écrire une rédaction avec les mots *green*, *yellow* et *pink*.
Le lendemain, elle interroge les élèves :
« Toto, peux-tu lire ta rédaction à la classe s'il te plaît ?
– Hier le téléphone a sonné "*Green, green*" ! J'ai répondu "*Yellow*" ?
Et comme il n'y avait personne au bout du fil, j'ai raccroché, "*Pink*" ! »

Pour aider sa mère, Toto décide de laver son pull tout seul.
« Euh, Toto, pourquoi laves-tu ce pull avec du dentifrice ? demande la maman, un peu horrifiée.
– Voyons maman, tu ne sais pas que le dentifrice rafraîchit la laine et renforce les mailles ? »

Toto fait examiner sa vue chez l'ophtalmologiste.
« Docteur, je crois que je vois tout en double…
– Nous allons regarder ça, Toto, assieds-toi sur cette chaise.
– Merci, mais… laquelle ? »

Toto demande à son papa :
« Papa pourquoi il y a plein de bougies sur le gâteau d'anniversaire de papy ? »
Son père lui répond :
« Parce que, plus on est vieux, moins on voit ! »

Toto part se coucher sans embrasser ses parents.
« Dis donc, Toto, on ne t'a jamais appris à être poli à l'école ?
– Si, mais on nous a jamais appris à dire "Bonne nuit", on y va que la journée ! »

Assis sur le trottoir en face d'une église, Toto voit défiler un cortège de mariés.
« Elle n'est pas idiote, la mariée… Elle est entrée avec un vieux monsieur, et elle est ressortie avec un jeune ! »

Toto propose à sa grand-mère :
« Et si on jouait au zoo ? Toi, tu es le public qui donne les bonbons aux éléphants et moi, je suis un éléphant. »

Qu'est-ce que Toto use le plus vite à l'école ?

Sa maîtresse...

La maîtresse demande à Toto de lui épeler le mot « souris » :
« S-O-U-R-I.
– Oui, et à la fin ?
– Bah, la queue ! »

Mon premier peut être de blé, de fleurs ou de maïs.
Mon deuxième est un oiseau voleur.
Les oiseaux font leurs petits dans mon troisième.
Mon quatrième vient après « il » et « elle ».
Toto ramasse mon tout dans la forêt.

Champignons (champ-pie-nid-on)

L'instituteur rend ses copies. Il s'adresse à Toto et lui dit :
« Je trouve que ta rédaction sur ton animal favori ressemble mot à mot à celle de ton frère !
– Bien obligé, monsieur. On a le même chien ! »

La maîtresse interroge Toto :
« Tu sais comment s'appellent les habitants de la crête ?
– Euh... les crétins, madame ? »

Toto se mord la lèvre.
« Papa, je me suis mordu la lèvre ! »
Le père dit :
« Ah oui, sur le coup, ça fait mal.
– Bah non, je me suis pas mordu sur le cou ! »

Toto fait une farce à ses parents :
« Papa, maman, c'est horrible, j'ai un jambon qui me pousse sur le nez !
– Mon pauvre Toto, répond sa mère, j'ai une bonne et une mauvaise nouvelle pour toi. La mauvaise, c'est que nous allons être obligés de t'amputer du jambon... Et la bonne, c'est que tu pourras le manger ! »

En rentrant du zoo, Toto dit à son grand-père :
« C'est curieux, je n'ai pas vu de girafes !
– C'est normal, les girafes n'existent pas : c'est un "cou" monté ! »

L'instituteur demande à Toto :
« Cite-moi cinq choses qui contiennent du lait.
– Le fromage, le beurre… Et trois vaches ! » répond Toto.

HAHAHA !

Le papa de Toto n'est pas content du tout de son dernier bulletin scolaire :
« Toto, ce n'est pas possible ! Tu es vraiment ignare !
– Ah, oui ? Ça m'étonnerait, hein ! Parce que je ne sais même pas ce que ça veut dire ! »

Toto discute avec son copain Julien :
« Ma mère voulait m'appeler Victor, mais mon père préférait Paul !
– Finalement, quel prénom ont-ils choisi ? demande Julien.
– Ben, Toto… »

HOHOHO !

« Justine, c'est fini, j'arrête de jouer ! Plus de billes, de défis, de cartes… c'est trop risqué !
– C'est bien, Toto, mais ça m'étonnerait que tu tiennes très longtemps…
– Ah, non ? Et tu paries combien ? »

Mais enfin Toto ! On ne nettoie pas les carreaux avec son mouchoir !
Mais si, papa, c'est un mouchoir à carreaux !

En classe, Toto demande au maître :
« Monsieur, est-ce que les baleines mangent des sardines ?
– Bien sûr, Toto !
– Mais comment font-elles alors pour ouvrir les boîtes ? »

La maîtresse demande à Toto :
« Qu'est-ce qui est le plus près, la Lune ou l'Angleterre ?
– La Lune, m'dame !
– Pourquoi ?
– Parce qu'on la voit, alors que l'Angleterre, non ! »

La grand-mère de Toto va faire un peu de shopping avec lui. En entrant dans le magasin, elle demande le rayon enfants. Toto dit :
« Ah non mamie, on est déjà assez à la maison ! »

Toto demande à son copain Julien :
« Eh, tu sais comment on reconnaît un chat d'une chatte ?
– Euh… non.
– C'est facile ! Tu cries : "Minou, minou, minou !" S'il vient, c'est un chat, si elle vient, c'est une chatte ! »

Toto pose une charade à son copain Julien :
« Ma première… Y'a pas de première !
Ma seconde… Y'a pas de seconde non plus !
Et mon tout… Y'a personne dedans !
C'est quoi ?
– Euh… se gratte la tête Julien.
– Cherche pas ! C'est un train de marchandises ! »

Toto demande à son père :
« Papa, est-ce qu'on a le droit de crier sur les gens ?
– Non Toto, ce n'est pas bien !
– Tant mieux, parce que j'ai cassé le vase de grand-mère. »

La maman de Toto demande à son fils :
« Mais pourquoi tu as mis de la bombe insecticide sur tes jambes ?
– Parce que j'avais des fourmis dans les pieds, maman… »

« Tu aimes aller à l'école, Toto ? lui demande sa grand-mère.
– Oh oui, mais j'aime bien aussi en revenir. La seule chose qui m'ennuie, c'est le temps que je passe entre les deux. »

Le père de Toto n'en peut plus de voir son fils revenir avec des mauvaises notes à la maison. Il lui propose un marché :
« Écoute, Toto, à partir d'aujourd'hui, tu n'auras plus que des bonnes notes à l'école. Et tu sais pourquoi ? Parce que si tu ramènes chaque semaine une bonne note, je te donnerai 20 euros. Tu as compris ?
– Et comment ! »
Le lendemain après la classe, il va voir sa maîtresse et lui glisse à l'oreille :
« Cela vous dirait de gagner 10 euros par semaine ? »

Le contrôleur du bus demande à Toto :
« Billet, s'il te plaît.
– Je n'en prends jamais car je n'ai pas de chance au jeu ! »

Toto dit à sa maman :
« Zut, ma montre ne marche plus !
– Tu n'as qu'à la nettoyer, Toto.
– Mais, maman, je viens juste de prendre un bain avec... »

« Quel homme de lettres n'est ni écrivain, ni professeur ? demande la maîtresse.
– Le facteur ! » répond Toto.

Julien chuchote à Toto :
« Psst, Toto, tu connais la blague de l'essence ?
– Ouais, je la connais, elle est bidon ! »

Toto, gêné, s'adresse à sa grand-mère :
« Tu sais, mamie, le vase que l'on se transmet de génération en génération...
– Oui, eh bien ?
– Eh bien, ma génération l'a cassé ! »

Toto et son meilleur ami se disputent :
« J'en ai assez ! Tu me reproches sans cesse d'être trop bavard !
– Tu es quand même la seule personne que je connaisse qui a attrapé un coup de soleil sur la langue... »

Toto se promène avec son père.
« Papa, qu'est-ce qu'il y a sur cet arbre ?
– C'est des prunes noires, Toto.
– Mais, papa, elles sont pas noires, elles sont blanches !
– Oui. Elles sont blanches parce qu'elles sont vertes. »

En classe, le professeur demande à Toto :
« Quel est le pluriel de "un homme plié en deux" ?
– Euh... "Deux hommes pliés en quatre" ? »

Toto vient d'entrer en sixième, et il a horreur de l'anglais. Sa maman tâche de l'encourager :
« C'est important l'anglais, la moitié de la planète parle anglais.
– Eh bien justement, ils sont assez nombreux comme ça ! »

Toto et sa copine Mila discutent :
« Toto, qu'est-ce que tu aimerais faire plus tard ?
– Je rêve de gagner 10 000 euros par mois... Comme mon papa !
– Ton père gagne 10 000 euros par mois ?
– Non, mais il en rêve aussi ! »

Toto passe une visite médicale.

Le maître demande à Toto :
« À ton avis, la statue de la Liberté, elle est en quoi ?
– Euh... Elle étend le bras ! »

Toto demande à son papa :
« Est-ce que tu continues de grandir ?
– Non, pourquoi ?
– Parce que le haut de ton crâne dépasse un peu de tes cheveux... »

« Toto, où est ton frère ?
- Je l'ai mis dans le frigo.
- Mais t'es fou, il va attraper froid !
- T'en fais pas, j'ai fermé la porte. »

L'institutrice demande aux élèves :
« Quel est le meilleur moment pour cueillir des cerises ? »
Toto lève le doigt :
« Quand le chien de la voisine est attaché, madame ! »

Toto tient une canne à pêche dont la ligne descend dans une bouche d'égout. Un passant amusé lui demande :
« Alors, ça mord ? Tu en attrapes beaucoup ?
– Vous êtes le quatrième gogo en seulement quatre heures... »

« Toto, lui dit sa maman, quelle est la meilleure chose que l'on puisse mettre dans une tarte ?
– Ses dents, maman ! »

Toto téléphone à son copain Nicolas :
« J'avais une histoire de boomerang à te raconter mais je ne m'en souviens plus !
– Ne t'inquiète pas, ça va te revenir ! »

Toto rentre chez lui et annonce à son père :
« Je vais prendre une douche, papa !
– Pourquoi, Toto ?
– Parce que la maîtresse m'a passé un savon ! »

« C'est lamentable, Toto. Tu sais à peine compter jusqu'à dix ! Mais que vas-tu devenir ?
– Ben, arbitre de boxe... »

Hier soir, j'ai réussi à faire mettre à genoux une grosse brute hyper musclée, un vrai mastodonte !
Mais comment tu as fait ?
Ben, je m'étais glissé sous une voiture...

À l'occasion de la naissance de sa petite sœur, la maman de Toto demande à son fils :
« Comment on va l'appeler ?
– Aucune idée, maman. Elle ne sait pas encore parler... »

HAHAHA !

La petite Marie pleure :
« Toto ! Rends-moi mes bonbons !
– Mais je n'ai pas envie de vomir ! »

À table, le papa de Toto demande à son fils :
« Mais pourquoi mets-tu des gants pour passer à table ?
– Cela m'évite de me laver les mains, papa ! »

HAHAHA !

En bordant son fils dans son lit, la maman de Toto dit :
« Dors bien mon chéri !
Et si tu as peur, appelle maman... Papa viendra ! »

HAHAHA !

Toto et son copain Enzo comparent leurs pieds :
« Tes pieds sont plus sales que les miens !
– C'est normal ! Je suis le plus vieux ! »

La maîtresse demande à Toto :
« Quel est le pluriel de "un beau bal" ?
– Des bobos, madame ! »

« Allô ! C'est le directeur de l'école ?
– Lui-même.
– Je vous appelle pour vous prévenir que Toto est très grippé, et qu'il ne viendra pas en classe aujourd'hui…
– Ah, bon ! Mais qui est à l'appareil ?
– C'est mon papa… »

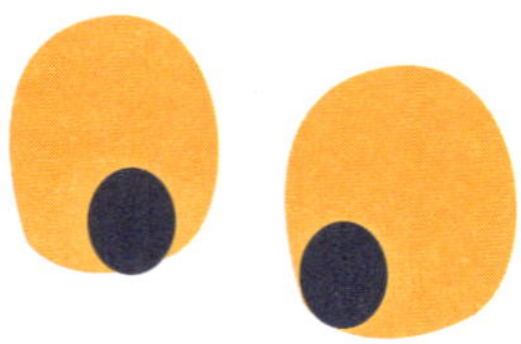

« Regarde, maman, un mouche !
– C'est une mouche, mon chéri.
– Comment tu sais que c'est une femelle ? »

Toto arrive à table avec les mains pleines de terre. Sa mère lui dit :
« Enfin, Toto, si tu me voyais arriver avec des mains dans un tel état, que dirais-tu ?
– J'aurais la délicatesse de ne pas te le faire remarquer ! »

Toto discute avec l'un de ses copains :
« Dis, Toto, tu sais pourquoi les fanfares avancent toujours en jouant ?
– Bien sûr, c'est pour s'éloigner du bruit ! »

Toto interpelle sa maman :
« Maman, maman ! À l'école, ils disent tous que j'ai les dents qui rayent le parquet !
– Mais non, mon petit lapin… »

À la piscine, Toto se fait gronder parce qu'il a fait pipi dans l'eau.
« Mais enfin, proteste-t-il, c'est pas juste, je ne suis pas le seul à faire ça !
– Du haut du plongeoir, si, Toto ! »

Toto se fait gronder par ses parents.
« Comment as-tu osé dire à Tata Josette qu'elle était bête ! Va la voir et dis-lui que tu es désolé. »
Toto va voir sa tante :
« Tata Josette, je suis désolé que tu sois si bête ! »

Toto et Polo marchent entre les rails d'une voie ferrée.
« Pff... fatigantes, ces marches !
– Comme tu dis ! La rampe est trop basse ! »

Toto se fait disputer par son papa :
« Non Toto, tu ne prends pas le marteau pour bricoler. Tu vas te faire mal !
– Pas de danger, papa. C'est ma petite sœur qui tiendra les clous ! »

Le papa de Toto étant en voyage à l'étranger, c'est sa voisine qui l'emmène en voiture à l'école. Juste avant d'arriver, Toto s'étonne : « Où sont donc tous ces chauffards, ces bandits, ces écraseurs ?
– Cela va te sembler curieux, répond la voisine, mais ils ne sortent que lorsque ton père est au volant. »

La maîtresse demande à Toto : « Quelle lettre vient après le A, Toto ?
– Toutes les autres, maîtresse ! »

Toto ramasse des champignons dans la forêt. Un promeneur l'observe et l'aborde :
« Dis donc, tu sais que ces champignons sont vénéneux ?
– Ce n'est pas grave ! Ce n'est pas pour moi, c'est pour vendre au marché ! »

En décembre, Toto dit à son papa :
« Ce mois-ci, j'ai eu une très bonne place à l'école.
– Ah oui, tout près de la maîtresse ?
– Non, je suis au fond de la classe, tout près du chauffage ! »

À la fin de sa journée d'école, avant la sortie, Toto vient voir la maîtresse et lui dit :
« Dites, madame, est-ce que vous pourriez me dire ce que j'ai appris, aujourd'hui ? Parce que quand je rentre chez moi, papa me le demande tous les soirs… »

hihihi !

« Tu écoutes encore du rap ? C'est complètement démodé, dit Toto à son copain.
– Qu'est-ce qui te fait penser une chose pareille ?
– Mes parents commencent à aimer ça ! »

Une dame demande à Toto :
« Quel âge as-tu, mon garçon ?
– J'ai 9 ans.
– Depuis quand ?
– Depuis mon anniversaire ! »

*La maîtresse est énervée contre Toto :
« C'est exaspérant. Pourquoi à chaque fois que je te pose une question, me réponds-tu par une autre question ?
– Je fais ça réellement ? »*

Toto visite le musée du Louvre avec sa classe. Il tombe devant une momie égyptienne entourée de bandelettes.
« Qu'est-ce que ça veut dire, 1564 av. J.-C. ? demande un ami de Toto.
– Oh, répond Toto, c'est sans doute le numéro d'immatriculation de la voiture qui l'a renversée ! »

« Toto ! Pourquoi jettes-tu du pain dans les toilettes ?
– Pour nourrir le canard WC, papa ! »

La maîtresse de Toto lui demande de citer dix animaux africains.
« La girafe, l'éléphant et… euh… huit lions ! »

Toto rentre à la maison après sa première journée à l'école primaire.
Sa maman lui demande :
« Alors Toto, tu as appris beaucoup de choses aujourd'hui ?
– Pas assez visiblement, ils veulent que j'y retourne demain. »

« Où a été signé le traité de Versailles ?
– En bas de la feuille, m'dame. »

En cours d'Histoire,
la maîtresse demande à Toto :
« Toto, quels furent les principaux envahisseurs de la France au cours de l'Histoire ?
– Les Huns, madame.
– Qui d'autre ?
– Euh… les autres. »

Pourquoi Toto met toujours un verre plein d'eau et un verre vide sur sa table de nuit ?

Pour les nuits où il a soif et celles où il n'a pas soif…

Un adolescent est très amoureux de la sœur de Toto.
« Eh, Toto, je te donne 20 euros si tu me procures une mèche de cheveux de ta sœur.
– D'accord ! Mais tu sais pour 50 euros, je te la scalpe complètement ! »

« Toto ! Rentre tout de suite à la maison prendre ta douche ! » crie sa maman à son fils qui joue dans le jardin avec ses copains.
« D'accord, maman ! répond Toto. Bon, les gars, j'en ai pour cinq minutes, je vais me laver. Après, je reviens jouer dans la boue avec vous ! »

Léa demande à Toto :
« Pourquoi tu sautes dans tous les sens ?
– Parce que j'ai bu du sirop ce matin mais j'ai oublié de secouer la bouteille. Et comme on dit : "Mieux vaut tard que jamais !" »

Toto montre des photos à son copain Manu.
« Regarde, sur celle-là, je suis en Afrique avec le singe de mon oncle. Il est marrant, non ?
– Oh, ouais ! C'est celui qui est à droite avec le chapeau à la main ? »

Toto dit à son grand-père :
« J'aimerais bien avoir une grande barbe comme la tienne !
- Pourquoi ?
- Pour avoir moins de figure à laver ! »

« Eh Toto ! De qui est la lettre que tu lis ?
– Pourquoi, Manu ?
– Comment ça, pourquoi ? Tu es bien curieux ! »

Toto dit à sa maman :
« Maman, il y a ma sœur qui crie dans son bain, je ne peux pas faire mes devoirs !
– Sors-la, Toto !
– Bah non, c'est bien trop chaud ! »

« Toto ! Je t'ai déjà dit cent fois de ne pas te servir tout seul, tu as une langue non ?
– Oui, maman... Mais mon bras est plus long ! »

Une nuit, Toto et ses parents se font cambrioler. Toto, qui a vu la scène, interpelle le voleur :
« Monsieur, monsieur, s'il vous plaît, prenez mon carnet de notes ! »

Tu connais la blague de Toto en Chine ?

Moi non plus, il n'y avait plus de place dans l'avion !

La maîtresse interroge Toto qui reste muet. Elle lui dit :
« Alors Toto, ma question t'embête ?
– Ça n'est pas tellement la question, c'est la réponse ! »

La maman de Toto est très en colère :
« Je t'interdis d'aller chez Paul. Ton copain est trop mal élevé !
– Mais moi, comme je suis bien élevé, Paul peut venir chez nous, alors ? »

58, rue Jean Bleuzen – CS 70007 – 92178 Vanves Cedex
www.deux-coqs-dor.fr

Dépôt légal : octobre 2016 – Édition 01.
Loi n° 49-956 du 16 juillet 1949 sur les publications destinées à la jeunesse.
Achevé d'imprimer par Macrolibros en Espagne en octobre 2016.

PAPIER À BASE DE FIBRES CERTIFIÉES

Deux Coqs d'Or s'engage pour l'environnement en réduisant l'empreinte carbone de ses livres. Celle de cet exemplaire est de : **2 000** g éq. CO_2
Rendez-vous sur www.deux-coqs-dor-durable.fr